INSTRUCTION DU 18 AVRIL 1890

SUR LE

SERVICE PRÉVOTAL

DE LA

GENDARMERIE AUX ARMÉES

10e ÉDITION

ANNOTÉE ET MISE A JOUR PAR UN OFFICIER SUPÉRIEUR DE L'ARME

PARIS
HENRI CHARLES-LAVAUZELLE
Éditeur militaire
11, PLACE SAINT-ANDRÉ-DES-ARTS, 11
(Même maison à Limoges.)

1897

INSTRUCTION DU 18 AVRIL 1890

SUR LE

SERVICE PRÉVOTAL

DE LA

GENDARMERIE AUX ARMÉES

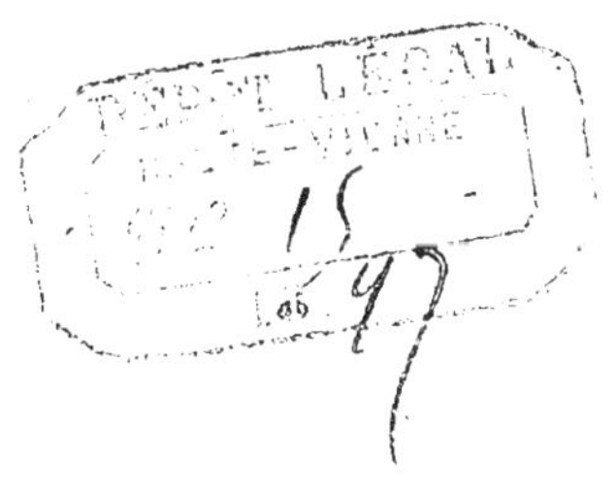

INSTRUCTION DU 18 AVRIL 1890

SUR LE

SERVICE PRÉVOTAL

DE LA

GENDARMERIE AUX ARMÉES

10e ÉDITION

ANNOTÉE ET MISE A JOUR PAR UN OFFICIER SUPÉRIEUR DE L'ARME

PARIS
HENRI CHARLES-LAVAUZELLE
Éditeur militaire
11, PLACE SAINT-ANDRÉ-DES-ARTS, 11
(Même maison à Limoges.)

1897

INSTRUCTION DU 18 AVRIL 1890

SUR LE

SERVICE PRÉVOTAL

DE LA

GENDARMERIE AUX ARMÉES

TITRE Ier.

CHAPITRE Ier.

ORGANISATION DES PRÉVÔTÉS.

Service de la gendarmerie aux armées.

Art. 1er. Le service de la gendarmerie aux armées comprend le service prévôtal proprement dit (service de police et service judiciairc), la gardo des prisonniers et la surveillance des trains.

Organisation des prévôtés.

Art. 2. Le commandant supérieur de la gendarmerie du quartier général d'une armée reçoit le titre de *grand prévôt*.

Le commandant de la gendarmerie du quartier-général d'un corps d'armée est appelé *prévôt*.

Les commandants des forces publiques affectées aux unités ci-après : Divisions d'infanterie, divisions de cavalerie indépendante, brigades de cavalerie de corps d'armée, brigades opérant isolément, commandements d'étapes d'une armée, prennent tous le titre de *commandant de la force publique* suivi de la désignation de l'unité à laquelle ils sont attachés.

Le commandant de la gendarmerie du grand quartier général des armées est appelé *prévôt*.

Le commandant de la force publique d'un commandement d'étapes est appelé prévôt d'étapes (art. 63 du présent règlement).

(V. l'article 123 du décret du 28 mai 1895 sur le service des armées en campagne.)

Répartition générale des forces prévôtales.

Art. 3. La composition et la répartition des forces prévôtales sont réglées par décisions ministérielles confidentielles qui peuvent en faire varier l'effectif.

Certaines d'entre elles comprennent deux et même trois échelons affectés chacun à un service spécial. Ainsi la prévôté du quartier général du corps d'armée comprend :

1er échelon, force publique du quartier général,
2e échelon, garde des prisonniers,
3e échelon, surveillance des trains.

Mais ces échelons peuvent, sur la proposition du grand prévôt ou du prévôt, et sur l'ordre du général commandant l'armée ou le corps d'armée, être employés à tous les services prévôtaux, selon que les circonstances l'exigeront.

Les maréchaux des logis chefs concourent avec les maréchaux des logis pour la constitution des prévôtés (1).

CHAPITRE II.

Matériel prévôtal.

Art. 4. Le matériel prévôtal comprend (2) :

1° Les effets de mobilisation délivrés aux gendarmes prévôtaux;

2° Les caisses à archives
3° Les caisses à bagages (3)
4° Les cantines à vivres
5° Les fourgons
} dont sont pourvus les chefs des diverses forces publiques;

(1) Les chefs de légion doivent profiter de leurs revues préparatoires pour vérifier si les militaires de tous grades appelés à composer les prévôtés sont toujours aptes à faire campagne et si leurs effets et leurs chevaux sont en bon état pour qu'ils puissent se mettre en route, sans délai, en cas de mobilisation. Ils leur font connaître que le règlement du 30 décembre 1892 (art. 17 et suivants) les autorise à faire, dès le temps de paix, des déclarations de délégation de solde. (Instruction pour l'inspection générale de la gendarmerie.)

(2) Les effets d'habillement, d'équipement, de harnachement, l'armement et les munitions à emporter en campagne sont déterminés par la décision ministérielle du 17 janvier 1895, reproduite à la fin de ce règlement, p. 173 et suivantes.

(3) L'inspecteur général s'assure que les officiers désignés pour le service prévôtal sont pourvus, dès le temps de paix, des caisses à bagages qui leur sont nécessaires à la mobilisation. (Instruction pour l'inspection générale de la gendarmerie.)

6° Les caisses à ferrures (1).

1° Effets de mobilisation.

Art. 5. Les effets de mobilisation sont *individuels* ou *collectifs;* la collection des effets *individuels* comprend :

Pour chaque prévôtal à cheval :

Petit équipement, 1 corde à fourrage (2);

Pour chaque prévôtal à pied ou à cheval :

Campement { 1 petit bidon d'un litre avec courroie et quart adhérent; 1 gamelle individuelle; 2 sachets en toile pour vivres.

Les effets *collectifs* sont délivrés à raison de :

1 marmite à 4 hommes pour 4 hommes montés ou à pied (3);
1 étui de marmite à 4 hommes pour 4 hommes montés ou à pied;
2 hachettes pour 15 hommes montés ou à pied (4);

---

(1) L'inspecteur général vérifie si tous les approvisionnements de mobilisation destinés aux gendarmes prévôtaux, notamment les ferrures de rechange et les caisses du modèle prescrit qui les contiennent, sont constitués et prêts à être emportés au besoin. Les voitures, les effets de campagne, les imprimés, registres et documents doivent être en bon état de service; ces derniers ont leur place dans les caisses à archives. (Instructions pour l'inspection générale de la gendarmerie.)

(2) Extrait de la décision ministérielle du 11 février 1885 portant adoption d'un anneau en corde comme mode d'attache des chevaux au bivouac.

Instruction sur la confection de l'anneau de bivouac fait avec les cordes à fourrages :

Plier la corde en deux, en faisant dépasser d'environ 0m,20 l'extrémité libre de la corde; prendre, à partir de l'anneau en fer formant poulie, une longueur de la corde doublée d'environ 0m,50, autour de laquelle on enroule l'autre partie de la corde doublée en laissant une boucle de 0m,04 environ.

Afin d'obtenir un enroulement suffisamment serré pour assurer la solidité du système, l'opération doit être faite en tirant fortement sur la corde dont l'extrémité est maintenue fixe.

En arrivant à l'anneau en fer, on y engage l'extrémité de la corde doublée ainsi que le bout libre, puis on fait passer dans la boucle l'extrémité de la corde doublée; l'anneau est ainsi formé.

L'extrémité de la corde doublée, où l'on aura soin de conserver une boucle, est ensuite passée autour de l'autre côté de l'anneau de la corde, pour former la traverse, et revient s'enrouler sur elle-même jusqu'à la boucle.

On y engage dans la boucle le bout libre, avec lequel on fait un nœud qui maintient tout le système.

La corde ainsi roulée est suspendue (côté hors montoir) à la courroie du bissac qui passe sous le troussequin, au point où cette courroie s'attache au chapelet.

(3) Placée dans les voitures de la prévôté.

(4) Portées par les brigadiers, plus 2 sachets à cartouches par homme à pied et 1 sachet par homme à cheval.

Il faut encore ajouter : 2 fers, 20 clous et 16 crampons. Les 2 autres fers, avec leurs clous, sont dans des caisses, sur les voitures.

(Décision ministérielle du 17 janvier 1895.)

Une note ministérielle du 16 mars 1891 a décidé la mise en usage dans la

1 seau en toile pour 2 hommes montés;
1 seau en toile pour 4 hommes à pied;
1 sac à distribution pour 4 hommes à pied;
1 corde à poitrail de 16 mètres de longueur pour 3 chevaux.

Chaque prévôtal à pied est en outre porteur de 48 cartouches de carabine (1) et de 30 cartouches de revolver; chaque prévôtal à cheval, de 30 cartouches de revolver seulement.

2° Caisses à archives.

Art. 6. Les commandants des forces publiques reçoivent à titre gratuit des caisses pour le transport de leurs papiers, de leurs archives et de leur comptabilité d'après les fixations ci-après :

Grand prévôt d'armée, 2 caisses à archives;

Prévôt du quartier général des armées;
Prévôt du quartier général d'un corps d'armée;
Capitaine vaguemestre d'un corps d'armée;
Commandant de la force publique d'une division d'infanterie, d'une division de cavalerie indépendante, d'une brigade de cavalerie de corps d'armée, d'une brigade opérant isolément, des commandements d'étapes d'une armée.
— 1 caisse à archives chacun.

3° Caisses à bagages.

Art. 7. Les officiers appartenant aux diverses forces publiques doivent être pourvus à leurs frais (2) du nombre de caisses à bagages indiquées ci-après :

Grand prévôt d'armée, 4;
Prévôt de corps d'armée, 3;
Tous les autres officiers, 1.

Chargement de la caisse à bagages d'un officier subalterne.

1 pantalon, 1 tunique, 1 paire de chaussures, 4 paires de chaussettes, 2 caleçons, 3 chemises, 4 mouchoirs, 3 serviettes, 1 couverture, 1 képi, 1 ceinture de flanelle, objets de toilette; 1 paire d'épaulettes et d'aiguillettes.

---

gendarmerie et la garde républicaine du crampon d'acier à vis tronconique et à tête carrée, adopté pour la cavalerie par la décision du 26 octobre 1889.
Les notes ministérielles des 29 avril 1893 et 6 mars 1894 ont en outre prescrit que la ferrure à glace doît comporter quatre crampons à chaque fer.

(1) Circulaire ministérielle du 14 avril 1892. Le gendarme à pied emporte 36 cartouches de carabine dans son paquetage et 12 dans sa giberne, ensemble 48.

(2) Et dès le temps de paix.

Poids maximum de la caisse vide, 5 kilogrammes.
Poids maximum de la caisse pleine, 14 kilogrammes.
Les capitaines ont droit à 9 kilogrammes de supplément, soit pour le chargement total, 23 kilogrammes.

4° Cantines à vivres.

Art. 8. Il est alloué aux grands prévôts d'armée et aux prévôts de corps d'armée, pour les officiers prévôtaux, qui vivent avec eux, une cantine à vivres garnie de ses ustensiles.

Les cantines à vivres sont allouées pour cinq officiers, bien que parfois ce nombre ne soit pas atteint.

Elle renferme le matériel suivant :

1 lanterne, 1 bougeoir, 1 moulin à café, 3 boîtes carrées, 3 bidons carrés, 1 marmite, 1 gril, 5 timbales, 1 poivrière, 1 salière, 1 bouillotte, 1 poêle à frire, 1 écumoire, 1 cuillère à pot, 7 assiettes en fer-blanc, 6 fourchettes, 6 cuillères, 2 couteaux de table, 1 couteau de cuisine, 1 tire-bouchon.

Les cantines peuvent recevoir, en outre, 2 rations de vivres (3 kilogrammes environ par officier), soit 15 kilogrammes.

Poids de la cantine, avec les ustensiles, sans les vivres, 20 kilogrammes environ.

Poids total, 35 kilogrammes.

Les autres officiers prévôtaux ne reçoivent pas de cantines à vivres ; ils prennent leurs repas avec les officiers de l'état-major de leur unité ou, à défaut, avec les officiers d'administration.

5° Fourgons.

Art. 9. Le grand prévôt d'armée, le prévôt de corps d'armée, le commandant de la force publique d'une division d'infanterie, sont pourvus chacun d'un fourgon à 2 chevaux.

Ces voitures sont livrées par les corps, qui les ont en dépôt, munies de tous leurs accessoires, attelées et accompagnées de leur conducteur.

6° Caisses à ferrures.

Art. 9 *bis*. Des caisses destinées à contenir les demi-ferrures (avec leurs clous) qui ne sont pas placées dans le paquetage sont déposées au lieu de mobilisation de chaque prévôté à cheval (1).

Transport des bagages et des archives des forces publiques.

Art. 10. Le transport des bagages et des archives des forces publiques s'effectue d'après les règles suivantes :

---

(1) La note ministérielle du 16 mars 1891 prescrit la mise en usage dans la gendarmerie du crampon d'acier à vis tronconique et à tête carrée, adopté pour la ferrure à glace des chevaux de cavalerie. Chaque fer doit recevoir quatre crampons vissés dans les mortaises taraudées disposées en mamelles et en éponges. (Notes ministérielles des 29 avril 1893 et 6 mars 1894).

Prévôté du grand quartier général des armées. — Les bagages de l'officier et les archives sont placés sur le fourgon de l'escadron d'escorte.

Prévôté d'un quartier général d'armée. — Le fourgon du grand prévôt reçoit les bagages des officiers, les archives et, au besoin, les sacs des hommes à pied.

Prévôté d'un quartier général de corps d'armée. — Les bagages et les archives, pour les deux premiers échelons de la prévôté, sont placés sur le fourgon du prévôt, qui reçoit, en outre, les sacs des hommes à pied, s'il est besoin. Pour le troisième échelon (*surveillance des trains*), on a recours à l'une des voitures du convoi administratif des subsistances du quartier général.

Force publique d'une division d'infanterie. — Les bagages, les archives et, au besoin, les sacs des hommes à pied trouvent place sur le fourgon du chef de détachement, qui a également à transporter les archives de la justice.

Force publique d'une division de cavalerie indépendante. — *Force publique d'une brigade de cavalerie de corps d'armée.* — *Force publique d'une brigade opérant isolément.* — Les bagages et les archives sont placés sur le fourgon du sous-intendant de chacune de ces unités, sauf ceux de la brigade de cavalerie placés sur le fourgon de l'état-major.

NOTA. — Les caisses à ferrures de chaque détachement sont placées sur les voitures désignées pour le transport des bagages des prévôtés et des forces publiques.

CHAPITRE III.

DOCUMENTS DONT LES COMMANDANTS DES PRÉVÔTÉS ET FORCES PUBLIQUES DOIVENT ÊTRE POURVUS CONCERNANT LE PERSONNEL SOUS LEURS ORDRES.

Etablissement et tenue des folios mobiles ainsi que des feuilles du personnel des officiers en campagne. — Destination à leur donner.

Art. 11. Les folios mobiles des officiers, sous-officiers, brigadiers et gendarmes prévôtaux, conformes aux modèles prescrits par le règlement sur la comptabilité des prévôtés, sont établis, dès le temps de paix, par le trésorier.

Le commandant de la compagnie y inscrit succinctement, pour la troupe, des notes sur la conduite, la manière de servir et l'aptitude à faire campagne.

Le chef de légion pour les officiers, et le commandant de la compagnie pour la troupe, y font mention des propositions pour l'avancement ou pour les récompenses honorifiques qui ont été maintenues définitivement.

Les folios mobiles, ainsi complétés, sont adressés au prévôt du corps d'armée, qui en fait inscription sur son contrôle, et les classe ensuite, pour chaque unité prévôtale, par ordre alphabétique dans un registre à barrettes.

Les notes ne sont modifiées ou renouvelées par le prévôt du corps d'armée qu'en cas de besoin. Lorsque des inscriptions sont à faire sur les folios, par suite de mutations des hommes ou des chevaux, d'avancement, de récompenses, de propositions, etc., le prévôt en est avisé par le chef de légion.

Dès que s'ouvre la période de préparation à la guerre, le prévôt expédie aux commandants des unités prévôtales s'administrant séparément, les registres à barrettes contenant les folios mobiles de leurs subordonnés.

Ces unités prévôtales sont :

La prévôté du quartier général des armées;
La prévôté d'un quartier général d'armée;
La force publique des commandements d'étapes d'une armée;
La prévôté d'un quartier général de corps d'armée;
La force publique d'une division d'infanterie;
La force publique d'une division de cavalerie indépendante;
La force publique d'une brigade de cavalerie de corps d'armée;
La force publique d'une brigade opérant isolément;

En ce qui concerne les officiers, dont les feuillets du personnel doivent rester, en tout temps, entre les mains de leur chef de légion, ceux-ci établissent, dès le temps de paix, pour chacun des officiers prévôtaux sous leurs ordres, une feuille du personnel de l'officier en campagne.

Cette feuille, qui doit toujours être à jour, est conforme (1) (rédaction et dimensions) au modèle n° 1 annexé au présent décret.

Les feuilles du personnel, ainsi établies, sont adressées, au moment d'une mobilisation, au grand prévôt de l'armée dans laquelle doivent être employés les divers officiers désignés pour le service prévôtal.

Le grand prévôt conserve ces feuilles pendant la campagne et les renvoie à la fin de la guerre, avec ses notes particulières, aux chefs des légions dans lesquelles doivent retourner les officiers qu'il avait sous ses ordres.

Le feuillet du personnel du prévôt du grand quartier général des armées est adressé au major général de ce groupe.

---

(1) Circulaire du 6 juin 1888.

L'inspecteur général doit se faire présenter les feuilles du personnel des officiers, qui doivent être préparées, dès le temps de paix, par les chefs de légion (Instruction sur les inspections générales de gendarmerie.)

CHAPITRE IV.

ATTRIBUTIONS DE LA GENDARMERIE AUX ARMÉES.

Attributions générales de la gendarmerie aux armées.

Art. 12. La gendarmerie remplit, à l'armée, des fonctions analogues à celles qu'elle exerce à l'intérieur; la recherche et la constatation des crimes, délits et contraventions, la rédaction des procès-verbaux, la poursuite et l'arrestation des coupables, la police, le maintien de l'ordre dans les camps, dans les cantonnements et sur les routes, le transfèrement des prisonniers sont de sa compétence et constituent ses devoirs.

La surveillance des individus non militaires, des marchands, des vivandiers, des domestiques qui suivent l'armée en vertu d'une permission, des vagabonds, des individus soupçonnés d'espionnage, constitue une partie essentielle de ses attributions.

La gendarmerie est spécialement chargée du service des prisons (1) qui sont établies dans les quartiers généraux d'armée, de corps d'armée et de division.

Elle surveille et dirige le service des sauvegardes.

Enfin, elle a dans ses attributions la réunion, la formation, la direction et la police des trains régimentaires.

(Art. 122 du décret du 28 mai 1895 sur le service des armées en campagne et 518 du décret du 1er mars 1854.)

Attributions spéciales des prévôts.

Art. 13. Les attributions du *grand prévôt* embrassent tout ce qui est relatif aux crimes, délits et contraventions commis dans l'arrondissement de l'armée. Son devoir est surtout de protéger les habitants du pays contre le pillage ou toute autre violence.

(Art. 125 du décret du 28 mai 1895 sur le service des armées en campagne et 513 du décret du 1er mars 1854.)

Les *prévôts* et les *officiers commandants des diverses forces publiques,* y compris les *vaguemestres,* ont les mêmes attributions dans l'arrondissement de l'unité à laquelle ils sont attachés.

La juridiction prévôtale, à ses divers degrés, s'exerce dans les limites fixées par les articles 51, 52, 75, 173, 174 et 271 du Code de justice militaire.

Tout militaire ou employé à l'armée, qui a connaissance d'un crime ou délit, doit en donner sur le champ avis à un officier de

---

(1) Voir le *Règlement sur les prisonniers de guerre* en date du 21 mars 1893, brochure in-8° de 80 pages, Henri Charles-Lavauzelle, Paris-Limoges, prix 0 fr. 75.

gendarmerie ou à tout autre militaire de cette arme; il est tenu de répondre catégoriquement aux questions qui lui sont adressées par eux.

(Art. 523 du décret du 1er mars 1854.)

Dès qu'ils ont connaissance d'un crime ou délit, le grand prévôt, le prévôt, les officiers, les sous-officiers et les commandants de brigade de gendarmerie ayant qualité d'officier de police judiciaire, font les informations nécessaires, conformément aux prescriptions des articles 83 et suivants du Code de justice militaire.

Les officiers de gendarmerie font procéder à la recherche et à l'arrestation des prévenus et les font conduire devant le général commandant la fraction de l'armée à laquelle ils appartiennent, à moins que l'infraction ne soit de leur compétence.

Assistés d'un sous-officier remplissant les fonctions de greffier, ils rendent des jugements contre certaines catégories d'individus dans le cas d'infractions déterminées au titre II.

Ils donnent aux commissaires du gouvernement et aux rapporteurs près les conseils de guerre tous les documents que ceux-ci demandent et qu'il est en leur pouvoir de leur procurer.

Ils sont tenus de déférer à la réquisition de comparaître comme témoins, quand elle leur est faite régulièrement.

Ils visitent fréquemment les lieux qu'ils jugent avoir plus spécialement besoin de leur surveillance.

(Art. 125 du décret du 28 mai 1895 sur le service des armées en campagne.)
(V. les art. 525 et 526 du décret du 1er mars 1854.)

Arrondissement d'une armée.

Art. 14. Par arrondissement d'une armée, on doit entendre, non seulement le territoire occupé militairement, les cantonnements divers, les camps, les bivouacs, les flancs, les derrières de l'armée, ses magasins de toute espèce, ses réserves et tout le service nécessaire pour les garder, mais encore le terrain qui environne les opérations de l'armée, aussi loin que la sûreté exige que ces opérations soient sauvegardées.

Garde et escorte des prévôts.

Art. 15. Les grands prévôts ont une garde à leurs logements.

Dans les marches et dans leurs tournées, les grands prévôts, les prévôts, les capitaines vaguemestres et les commandants des forces publiques sont accompagnés du nombre de gendarmes nécessaire pour assurer l'exécution de leur service.

(Art. 527 du décret du 1er mars 1854.)

Attributions spéciales des vaguemestres.

Art. 16. Dans chaque corps d'armée, il existe au quartier général un officier de gendarmerie *vaguemestre* chargé de réunir et de former le train régimentaire d'après les ordres du chef d'état-major et d'en assurer la police et la direction.

Cet officier vaguemestre est secondé dans sa tâche par une force publique dite *de la surveillance des trains*, qui se compose de maréchaux des logis chefs ou maréchaux des logis, de brigadiers et de gendarmes à cheval. Les maréchaux des logis chefs ou maréchaux des logis y prennent le titre de *vaguemestres adjoints*.

Les officiers vaguemestres sont placés respectivement sous les ordres du grand prévôt d'armée et du prévôt de corps d'armée, dont ils partagent, d'ailleurs, les attributions spéciales.

Dans une division, il n'existe pas de vaguemestre spécial, ni de détachement exclusivement affecté au service du train régimentaire de la division; c'est le commandant de la force publique qui y remplit les fonctions de vaguemestre.

Le prévôt du corps d'armée a le commandement et la direction de tout le train régimentaire du corps d'armée toutes les fois que le corps d'armée marche sur une seule route.

Les trains régimentaires des corps de troupe sont commandés et dirigés par les *officiers d'approvisionnement*, ayant sous leurs ordres des sous-officiers spéciaux, ainsi que les vaguemestres des régiments.

Les officiers d'approvisionnement, même à grade égal, sont subordonnés à l'officier de gendarmerie qui remplit les fonctions de vaguemestre de la division et qui a le commandement de tout le train régimentaire de cette division. Dans une brigade isolée où ne se trouve pas l'officier de gendarmerie vaguemestre de la division, le plus ancien officier d'approvisionnement prend le commandement des trains régimentaires.

(V. l'article 4 du décret du 28 mai 1895 sur le service des armées en campagne et l'article 120 du décret du 4 octobre 1891.)

Avancement.

Art. 17. Dans l'intérêt du service, le grand prévôt nomme aux emplois de sous-officier et de brigadier qui deviennent vacants pendant la campagne. Il choisit parmi les candidats à l'avancement déjà proposés et parmi les militaires de l'arme qui auront été, pendant les opérations, l'objet de propositions spéciales.

(Art. 511 du décret du 1er mars 1854.)

CHAPITRE V.

RAPPORTS DE LA GENDARMERIE AVEC L'AUTORITÉ MILITAIRE.

Ordres à la gendarmerie.

Art. 18. La gendarmerie aux armées ne relève que de ses chefs directs, ainsi que des généraux et chefs d'état-major près desquels elle est placée.

(Art. 514 du décret du 1er mars 1854 et 122 du décret du 28 mai 1895 sur le service des armées en campagne.)

Réquisitions à la gendarmerie.

Art. 19. Les réquisitions adressées à la gendarmerie doivent, à moins de circonstances exceptionnelles, passer, par l'intermédiaire des officiers de l'arme, dans les divisions et corps d'armée.

(Art. 514 du décret du 1er mars 1854.)

Punitions.

Art. 20. Les militaires de la gendarmerie ne peuvent être punis que par leurs chefs directs et par les généraux et chefs d'état-major des corps auxquels ils appartiennent. Toute faute méritant répression, commise par l'un deux, est signalée au prévôt et au grand prévôt.

Il est donné connaissance, à l'autorité qui a porté la plainte, de la punition infligée.

Au grand prévôt, au général, aux chefs d'état-major des corps dont ils relèvent appartient le droit de diminuer, de changer la nature et même de faire cesser les punitions prononcées.

(Art. 517 du décret du 1er mars 1854 et 122 du décret du 28 mai 1895 sur le service des armées en campagne.)

(V. aussi les art. 236 et suivants du règlement du 10 juillet 1889 sur le service intérieur de la gendarmerie.)

Service d'escorte et d'estafette.

Art. 21. La gendarmerie ne peut être employée au service général d'escorte et d'estafette que dans le cas de la plus absolue nécessité ; il en est toujours rendu compte au grand prévôt. Elle ne peut non plus fournir d'ordonnances aux officiers, quel que soit leur grade.

(Art. 519 du décret du 1er mars 1854.)

Transmission des ordres.

Art. 22. Les ordres généraux émanant des commandants d'armée, des commandants de corps d'armée, des généraux commandant les divisions d'infanterie ou de cavalerie indépendante, les brigades de cavalerie de corps d'armée, les brigades opérant isolément, enfin des directeurs d'étapes sont toujours communiqués à la gendarmerie.

Ils sont adressés par chaque chef d'état-major à l'officier de gendarmerie le plus élevé en grade placé près de l'autorité militaire dont l'ordre émane. La transmission s'opère ensuite en suivant la voie hiérarchique, sans omettre aucun intermédiaire, excepté dans des cas exceptionnels et pressants. L'autorité militaire qui ordonne est alors tenue d'informer le chef intermédiaire, et l'officier qui reçoit l'ordre en rend compte, sans retard, à son supérieur immédiat.

La même marche est suivie pour les ordres particuliers concernant la gendarmerie qui émanent des officiers généraux dénommés ci-dessus.

Il appartient également aux grands prévôts d'armée de réglementer le service de la gendarmerie par des ordres généraux ou particuliers qu'ils adressent à toutes les prévôtés, ou à partie des prévôtés placées sous leur subordination.

La communication des ordres, par les grands prévôts d'armée, se fait aux officiers de gendarmerie du quartier général d'armée, aux prévôts de corps d'armée et aux commandants des forces publiques des divisions de cavalerie indépendante ou de commandements d'étapes d'armée. En ce qui concerne les ordres émanant du commandant d'armée ou de son chef d'état-major général, le grand prévôt y joint, s'il y a lieu, les instructions de développement nécessaires.

Les prévôts de corps d'armée transmettent les ordres qu'ils reçoivent du grand prévôt au capitaine vaguemestre, aux commandants des forces publiques des divisions d'infanterie, de la brigade de cavalerie du corps d'armée et de la brigade opérant isolément. Tous ces officiers sont tenus de les exécuter et d'informer leurs chefs d'état-major respectifs de la teneur de ces ordres, surtout en ce qui concerne la police.

La même règle est applicable aux ordres du général commandant le corps d'armée, en ce qui concerne leur transmission et leur exécution.

(V. les articles 16 et suivants du décret du 28 mai 1895 sur le service des armées en campagne.)

Registres d'ordres.

Art. 23. Les ordres généraux ou particuliers sont transcrits sur des registres d'ordres tenus dans les diverses forces publiques ou prévôtés.

Ils sont numérotés et font l'objet de séries différentes, suivant la source dont ils émanent.

Les ordres qui intéressent plus particulièrement la gendarmerie sont lus à la troupe aux appels.

Rapports à fournir par les commandants des forces publiques à leurs supérieurs hiérarchiques de l'arme.

Art. 24. Les commandants des forces publiques ou prévôtés entretiennent une correspondance suivie avec leurs chefs hiérarchiques de l'arme. Ils leur rendent compte, par un rapport journalier (modèle n° 2), de tous les faits portés à leur connaissance par leurs subordonnés, de tous ceux intéressant leur service et des ordres qui leur parviennent directement des chefs d'état-major.

S'il survient, dans l'étendue de leur commandement, quelque événement extraordinaire, ils en rendent compte également par la voie la plus rapide.

Les capitaines vaguemestres ont les mêmes devoirs à l'égard de leurs chefs respectifs, le grand prévôt d'armée et le prévôt corps d'armée.

(Art. 515 et 516 du décret du 1er mars 1854.)

Rapports dus par les commandants des forces publiques à leurs chefs hiérarchiques de l'armée.

Art. 25. Les commandants des forces publiques fournissent un rapport journalier (modèle n° 2) aux généraux commandant les corps de troupe auxquels ils sont attachés. Ils les informent surtout des ordres qui leur parviennent directement du prévôt ou du grand prévôt, en ce qui concerne la police.

Ils reçoivent des ordres des généraux et des chefs d'état-major pour le service journalier; ils leur rendent compte de l'exécution de ces ordres.

Cette obligation concerne également les capitaines vaguemestres qui rendent compte aux chefs d'état-major de l'accomplissement des ordres ou des instructions qu'ils en ont reçus pour le service spécial des trains.

Dans la brigade de cavalerie du corps d'armée et dans toute brigade détachée, le maréchal des logis ou le brigadier commandant la force publique remplit les mêmes devoirs à l'égard du général de brigade.

Le grand prévôt et les prévôts de corps d'armée adressent chaque jour un rapport (modèle n° 2), le premier au général commandant l'armée, les autres à leur commandant de corps d'armée. Ils sont convoqués par eux comme les autres chefs de service, quand cela paraît nécessaire.

Tous les huit jours, et plus souvent s'il y a lieu, le grand prévôt présente un rapport général, sur son service, au chef d'état-major général, qui le soumet au général en chef.

(V. l'art. 515 du décret du 1er mars 1854.)

Rapports du commandant de la gendarmerie avec le commandant du quartier général.

Art. 26. Le commandant de la gendarmerie se concerte avec le commandant du quartier général pour toutes les mesures à prendre en vue du maintien, au quartier général, de la police et du bon ordre.

Les commandants des quartiers généraux ont encore dans leurs attributions la surveillance du service des prisons établies dans les divers quartiers généraux, ainsi que le règlement de tous les détails qui se rapportent à la ferrure et au service vétérinaire des chevaux des quartiers généraux.

Du mot d'ordre.

Art. 27. Pour faciliter l'exécution de leur service, les sous-officiers, brigadiers et gendarmes sont autorisés à pénétrer, à toute heure de jour et de nuit, dans l'intérieur des camps et cantonnements. A cet effet, ils sont munis du mot d'ordre qui est envoyé, par les chefs d'état-major, aux commandants de la gendarmerie en même temps qu'aux autres chefs de service.

Il est rendu compte au commandant du corps d'armée et au prévôt, par la voie hiérarchique, des obstacles ou empêchements que les militaires de la gendarmerie pourraient rencontrer dans l'exécution de leur service.

(V. les articles 39 et 127 du décret du 28 mai 1895 sur le service des armées en campagne, et l'article 521 du décret du 1er mars 1854.)

Emplacements occupés par les corps et par les services.

Art. 28. L'état des emplacements occupés par les différents corps d'armée et les divers services est, autant que possible, porté chaque jour, par le grand prévôt, à la connaissance des prévôts de corps d'armée et des commandants des forces publiques des divisions de cavalerie indépendante et des commandements d'étapes de l'armée. Les prévôts de corps d'armée transmettent cet état aux divers commandants de détachement sous leurs ordres, en y joignant l'emplacement des divisions, détachements et services de leur corps d'armée.

(Art. 520 du décret du 1er mars 1854.)

Les signaux en usage pendant les campagnes et manœuvres sont réglés ainsi qu'il suit par la décision ministérielle du 29 juin 1892 :

Général commandant en chef un groupe d'armées. — Fanion tricolore en forme de pavillon, mesurant 0m,90 de largeur sur 0m,70 de hauteur, avec cravate blanche à franges d'or, nouée au fer de lance. Le fer de lance et la hampe jusqu'à la partie inférieure du pavillon sont dorés. Lanterne à 4 faces planes garnies d'un verre blanc sur lequel se trouve dessinée une étoile bleue inscrite dans une bande circulaire rouge.

Major général d'un groupe d'armées. — Fanion tricolore en forme de pavillon bordé sur trois de ses côtés (celui de la hampe excepté) par une bande blanche de $0^m,05$ de largeur, puis par une bande écarlate de même largeur. Largeur de la partie tricolore : $0^m,65$; hauteur $0^m,50$. Largeur totale du fanion : $0^m,75$; hauteur totale : $0^m,70$. Cravate tricolore nouée au fer de lance de la hampe. Lanterne avec verre blanc ou incolore.

Général commandant d'armée. — Fanion tricolore en forme de pavillon, avec une cravate tricolore nouée au fer de lance de la hampe. Lanterne avec verre blanc ou incolore.

Général commandant l'artillerie ou le génie d'une armée. — Fanion en forme de pavillon, écarlate et bleu de ciel assemblés en diagonale, le rouge au sommet. Lanterne avec verre rouge.

Général commandant un corps d'armée. — Fanion tricolore en forme de pavillon. Lanterne avec verre blanc ou incolore.

Général commandant la 1re division d'infanterie d'un corps d'armée. — Fanion écarlate en forme de pavillon, divisé sur son milieu et verticalement par une raie blanche. Lanterne avec verre rouge.

Général commandant la 2e division d'infanterie d'un corps d'armée. — Fanion écarlate en forme de pavillon, divisé verticalement par deux raies blanches. Lanterne avec verre rouge.

Général commandant la 3e division d'infanterie d'un corps d'armée. — Fanion écarlate en forme de pavillon, divisé verticalement par trois raies blanches. Lanterne avec verre rouge.

Général commandant une division d'infanterie non comprise dans un corps d'armée. — Fanion écarlate en forme de pavillon, divisé horizontalement par une bande blanche. Lanterne avec verre rouge.

Général commandant la brigade d'artillerie d'un corps d'armée. — Fanion en forme de flamme, mi-partie écarlate et bleu de ciel (l'écarlate au sommet). Lanterne avec verre de couleur verte.

Général commandant la brigade de cavalerie d'un corps d'armée. — Fanion en forme de flamme, mi-partie bleu de ciel et blanc (le bleu au sommet) Lanterne avec verre de couleur verte.

Général commandant un corps de cavalerie. — Fanion en forme de pavillon, écarlate et blanc, assemblés en diagonale (l'écarlate au sommet). Lanterne avec verre blanc ou incolore.

Général commandant une division de cavalerie. — Fanion en forme de pavillon, bleu de ciel et blanc assemblés en diagonale (le bleu au sommet). Lanterne avec verre rouge.

Section de munitions d'infanterie, caisson de bataillon, 1re, 2e et 3e sections du parc d'artillerie. — Fanion en forme de pavillon, de couleur jaune. Lanterne avec verre jaune.

Section de munitions d'artillerie et 4e section de parc d'artillerie. — Fanion en forme de pavillon de couleur bleue. Lanterne avec verre bleu.

Ambulances et hôpitaux de campagne. — Deux fanions en forme de pavillon, l'un tricolore, l'autre fond blanc, bordé écarlate, avec croix de même nuance sur son milieu. Deux lanternes, dont une à verre blanc et l'autre à verre rouge.

Les hôpitaux de campagne temporairement immobilisés, destinés à l'isolement et au traitement des hommes atteints de maladies épidémiques ou contagieuses, sont signalés, en outre, par un fanion jaune.

Postes télégraphiques. — Fanion en forme de pavillon, fond blanc bordé bleu de ciel, avec T bleu en son milieu. Lanterne avec verre blanc, portant un T bleu et une bordure de même couleur.

Service de la poste aux armées. — Fanion en forme de pavillon, fond blanc bordé de vert olive avec P vert olive sur son milieu. Lanterne carrée avec verre blanc, portant un P vert olive et une bordure de même couleur.

Aux manœuvres, les arbitres ont un fanion en forme de pavillon, mesurant 0m,65 de largeur sur 0m,50 de hauteur, fond blanc bordé écarlate. Pas de lanterne.

Les fanions et lanternes sont délivrés contre remboursement aux officiers généraux.

La flamme des fanions, la botte de lance et la lanière de bras sont fournies par le service de l'habillement et du campement, et la lance par le service de l'artillerie.

Les fanions des généraux sont portés par un cavalier de l'escorte. Les généraux de brigade d'infanterie n'en ont pas, non plus que les généraux de brigade des divisions de cavalerie.

—

Emplacement des prévôtés dans les campements et cantonnements.

Art. 29. Pour la facilité du service, les prévôtés sont toujours campées ou cantonnées à proximité des quartiers généraux dont elles dépendent.

Les sous-officiers, brigadiers et gendarmes sont toujours installés le plus près possible de leurs officiers, et, autant qu'on le peut, dans les lieux habités, à cause de la surveillance à exercer sur les cabarets, les boulangeries, les boucheries, les bureaux de tabac, etc., et de la main-forte à prêter, le cas échéant, aux sauvegardes.

Le commandant de la gendarmerie s'entend à ce sujet avec le commandant du quartier général, qui est spécialement chargé de tout le logement dans les lieux où le quartier général est établi.

(Art. 521 du décret du 1er mars 1854.)

Réquisitions faites par la gendarmerie.

Art. 30. Les officiers et les hommes de troupe de toutes armes sont tenus de déférer aux réquisitions de la gendarmerie, lorsqu'elle croit avoir besoin d'appui. Dans le cas où la main-forte lui est refusée, il en est rendu compte, par la voie hiérarchique, au chef d'état-major de la division à laquelle appartient l'officier ou l'homme de troupe qui n'a pas obtempéré à la réquisition.

Toutes les fois que des officiers, sous-officiers et gendarmes interviennent en leur qualité d'agents de la force publique, au nom de la loi, personne n'a le droit d'entraver leur autorité et tout le monde doit se soumettre à leurs réquisitions et à leurs injonctions.

Dans toutes ses relations avec les corps de troupe, la gendarmerie doit agir avec la mesure et le discernement indispensables au légitime exercice de ses droits ; mais elle ne doit pas hésiter à signaler le mauvais vouloir et les résistances qui entraveraient l'exécution de son service.

(Art. 127 du décret du 28 mai 1895 sur le service en campagne et 522 du décret du 1er mars 1854.)

Dans aucun cas les chefs de poste ne marchent eux-mêmes et ne dégarnissent leur poste de plus de la moitié de leur force.

Carnet médical.

Art. 31. A partir de la mobilisation, il est ouvert, dans chaque prévôté, un carnet médical (modèle n° 3), où sont consignés les nom, grade, compagnie, etc., de chaque malade ou blessé, la nature de l'affection, la date de l'interruption du service, la destination donnée à l'homme, la date du retour au corps. Ce carnet permet d'établir périodiquement, aux époques déterminées, des rapports au grand prévôt et au directeur du service de santé.

Un rapport spécial est établi après chaque combat.

Un carnet médical est affecté à chaque unité prévôtale.

CHAPITRE VI.

POLICE ET MAINTIEN DE L'ORDRE.

Police des individus non militaires.

Art. 32. La gendarmerie a dans ses attributions spéciales la police relative à tous les individus non militaires qui suivent l'armée.

Ces individus forment trois catégories :

1° Les secrétaires, interprètes et employés que les généraux et fonctionnaires de l'armée ont à leur suite ;

2° Les vivandiers, cantiniers et marchands ;

3° Les domestiques des officiers, des employés de l'armée, des vivandiers et des marchands autorisés.

(Art. 126 du décret du 28 mai 1895 sur le service en campagne et 528 du décret du 1er mars 1854.)

Secrétaires, interprètes et employés.

Art. 33. Les généraux et fonctionnaires de l'armée qui ont à leur suite des secrétaires, des interprètes, des employés, sont tenus d'en faire connaître les noms, prénoms, âges, lieux de naissance et signalements, soit au grand prévôt, soit au prévôt, soit au commandant de la force publique de la division ou du détachement.

Ces derniers inscrivent sur un registre (modèle n° 4), les secrétaires, les interprètes, les employés, avec tous les renseignements qui les concernent.

(Art. 528 du décret du 1er mars 1854.)

Vivandiers, cantiniers et marchands.

Art. 34. Les officiers de gendarmerie désignés ci-dessus sont chargés de recevoir et d'examiner les demandes des personnes qui désirent exercer une profession quelconque à la suite de l'armée. Ils accordent des permissions et délivrent des patentes à celles qui justifient de leur bonne conduite et qui offrent toutes les garanties pour le genre d'industrie auquel elles veulent se livrer.

Un registre spécial (modèle n° 5) sert à inscrire les noms, prénoms, signalements et professions des vivandiers, cantiniers et marchands, avec indication du numéro de la patente qui leur a été délivrée.

(Art. 126 du décret du 28 mai 1895 sur le service des armées en campagne et 528 du décret du 1er mars 1854.)

Patentes.

Art. 35. Le grand prévôt et le prévôt n'accordent de patentes que pour les quartiers généraux auxquels ils sont attachés. Ces patentes sont soumises au visa des chefs d'état-major.

Les commandants de la force publique des divisions ou brigades délivrent, sous l'approbation du chef d'état-major et avec son visa, des patentes aux vivandiers, marchands et industriels des divisions ou des brigades ; ils les font viser par le prévôt du corps d'armée ; cette dernière obligation n'est pas imposée aux patentes délivrées par les commandants des forces publiques des divisions de cavalerie indépendante.

Les patentes, détachées du registre à souche (modèle n° 6) portent les indications suivantes :

Numéro de la patente ;

Nom, prénoms, âge, profession, domicile et signalement du titulaire de la patente ;

Nature des vivres, des liquides et autres marchandises à vendre ;

Fraction de l'armée pour laquelle la patente est valable.

(Art. 126 du décret du 28 mai 1895 sur le service des armées en campagne et 529 du décret du 1er mars 1854.)

Examen des patentes.

Art. 36. Les patentes doivent être l'objet d'un examen sévère de la part de la gendarmerie; elle se les fait représenter fréquemment et s'assure de l'identité des individus qui en sont détenteurs. Cette mesure est de la plus haute importance pour empêcher ou réprimer l'espionnage.

Les détenteurs des patentes doivent les faire viser une fois par mois par le commandant de la force publique qui les a délivrées.

(Art. 126 du décret du 28 mai 1895 sur le service des armées en campagne.)

Plaques que doivent porter les vivandiers, cantiniers et marchands.

Art. 37. Indépendamment de leurs patentes, les marchands et les vivandiers autorisés reçoivent une plaque portant l'exergue : « marchand » ou « vivandier », et le numéro de leur patente (modèle n° 7).

Ils sont tenus de porter cette plaque d'une manière ostensible et d'en avoir à leur voiture une autre portant leur nom, le numéro de leur patente et l'indication de la fraction qu'ils sont autorisés à suivre (modèle n° 8).

Les cantinières des corps sont astreintes à avoir une plaque à leur voiture.

(Art. 126 du décret du 28 mai 1895 sur le service des armées en campagne.)

La tenue des cantiniers commissionnés non militaires, en temps de guerre comme en temps de paix pendant les marches et les grandes manœuvres, comprend :

1° Une vareuse à deux rangées de boutons ;

2° Un pantalon du modèle général de l'infanterie ;

Ces deux effets sont confectionnés en drap de soldat gris de fer bleuté.

Les boutons de la vareuse sont ceux du corps de troupe auquel appartient le cantinier. L'écusson du corps est cousu au collet de l'effet ;

3° Une casquette en toile cirée, analogue à celle des soldats ordonnances, avec bandeau en drap gris de fer bleuté ;

4° Une plaque portée au bras gauche et sur laquelle sont inscrits le mot CANTINIER et le numéro du corps de troupe. (Note ministérielle du 3 août 1890.)

Vérification de la qualité des comestibles et des liquides.

Art. 38. Les chefs d'état-major exigent que les comestibles et les liquides dont les marchands et les vivandiers doivent être pourvus soient de bonne qualité et en quantité suffisante ; ils en fixent les prix qui doivent être affichés par chaque marchand.

La gendarmerie s'assure que ces prescriptions sont exécutées.

(Art 533 du décret du 1er mars 1854.)

Visites inopinées de médecins et pharmaciens.

Art. 39. Dans chaque corps d'armée et chaque division, une commission hygiénique, composée d'un médecin et d'un pharmacien militaires, est chargée de faire inopinément des tournées générales ou partielles pour apprécier la qualité des liquides et des comestibles débités par les marchands, les vivandiers et les cantiniers. Cette commission est assistée, dans ses tournées, d'un maréchal des logis ou d'un brigadier de gendarmerie, avec deux gendarmes.

Elle fait répandre ou enfouir les liquides et les comestibles qui sont reconnus susceptibles de porter atteinte à la santé des troupes. La gendarmerie dresse procès-verbal.

(Art. 532 du décret du 1er mars 1854.)

Tout individu militaire ou non militaire qui vend ou met en vente des substances ou denrées alimentaires ou médicamenteuses qu'il sait falsifiées ou corrompues, est traduit devant un conseil de guerre et puni d'un emprisonnement de trois mois au moins et d'un an au plus, ainsi que d'une amende qui ne peut être inférieure à 50 francs.

S'il s'agit de marchandises contenant des mixtures nuisibles à la santé, l'amende est de 50 à 500 francs et l'emprisonnement de trois mois à deux ans. (Loi du 27 mars 1851.)

Perquisitions dans les voitures des vivandiers et marchands.

Art. 40. La gendarmerie fait souvent des perquisitions dans les voitures des marchands et vivandiers pour empêcher qu'elles ne servent à transporter d'autres objets que ceux qu'elles doivent contenir.

Les individus qui suivent les armées comme marchands sont, en général, des gens d'une moralité douteuse. S'ils n'étaient surveillés de près, ils marauderaient, soit par eux-mêmes, soit par leurs domestiques, ou deviendraient les recéleurs de tout ce que pourraient soustraire les soldats maraudeurs.

Les perquisitions doivent être exécutées surtout lorsque les troupes près desquelles les marchands et vivandiers exercent leur industrie viennent de quitter une ville ou un cantonnement important.

Vérification des poids et mesures.

Art. 41. Les officiers et les sous-officiers de gendarmerie vérifient souvent les poids et mesures; ils saisissent ceux qui ne sont pas poinçonnés et dressent procès-verbal.

Les contrevenants non militaires, qui suivent l'armée, sont traduits devant le tribunal prévôtal et peuvent être punis d'une amende de 11 à 15 francs (Code pénal, art. 479, loi du 4 juillet

1837), ou même, selon les circonstances, d'un emprisonnement d'un jour à deux mois. (Code de justice militaire, art. 271.)

La peine d'emprisonnement est de droit en cas de récidive. (Code pénal, art. 482.) En cas de circonstances atténuantes, le tribunal peut réduire la peine à 1 franc d'amende. (Code pénal, art. 463 et 483.)

Les marchands, vivandiers, etc., qui, sans motifs légitimes, ont dans leurs magasins ou voitures, soit de faux poids et de fausses mesures, soit des appareils de pesage et de mesurage inexacts, sont punis par le tribunal prévôtal d'une amende de 16 à 25 francs et d'un emprisonnement de six jours à deux mois.

Les objets délictueux sont confisqués et détruits. (Loi du 27 mars 1851 ; Code de justice militaire, art. 271.)

Dans tous les cas qui précèdent, les contrevenants militaires sont punis disciplinairement ou traduits devant le conseil de guerre.

Tout individu militaire ou non militaire qui a trompé ou tenté de tromper sur la quantité de la chose vendue, est traduit devant un conseil de guerre et puni de l'emprisonnement pendant trois mois au moins, un an au plus, et d'une amende qui ne peut excéder le quart des restitutions et dommages-intérêts, ni être au-dessous de 50 francs. Les faux poids et les fausses mesures sont confisqués et détruits. (Loi du 27 mars 1851.)

(Art. 534 du décret du 1er mars 1854.)

Cantinières des corps de troupe.

Art. 42. Les cantinières des corps de troupe reçoivent leurs patentes du conseil d'administration et sont tenues de les faire viser par le commandant de la force publique de la division ou du détachement.

La gendarmerie peut se faire représenter ces patentes. Mais les chefs de bataillon, les adjudants-majors et les adjudants sont plus spécialement chargés envers les cantiniers des corps de troupe de la surveillance prescrite à la gendarmerie à l'égard des marchands et vivandiers.

(Art. 126 du décret du 28 mai 1895 sur le service des armées en campagne.)

Toutes les dispositions qui concernent ces derniers sont applicables aux cantiniers des corps de troupe, notamment la double obligation de la plaque personnelle et de la plaque de voiture.

En principe, la gendarmerie doit s'abstenir de toute ingérence superflue dans l'intérieur des corps de troupe, qui ont tout intérêt à faire bonne police par eux-mêmes. Néanmoins, elle dresse procès-verbal des infractions qu'elle découvre accidentellement ; elle en prévient les corps auxquels les délinquants appartiennent et rend compte, par la voie hiérarchique, au chef d'état-major de la division.

(Art. 535 du décret du 1er mars 1854.)

Les cantinières vivandières n'ont pas de tenue militaire spéciale; elles doivent avoir ostensiblement au bras gauche, dans les circonstances où elles doivent suivre la troupe, la plaque réglementaire prévue par les articles 37 et 42 de la présente instruction (Note ministérielle du 3 août 1890.)

Délits, contraventions et amendes. — Retrait temporaire des patentes et renvoi de l'armée.

Art. 43. Les conseils de guerre d'une part, les tribunaux prévôtaux d'autre part, prononcent dans les limites respectives de leur juridiction, fixée par le Code de justice militaire, sur les infractions commises par les vivandiers ou cantiniers et les demandes de dommages-intérêts qui sont de leur compétence.

Indépendamment de ces moyens de répression, le grand prévôt et les prévôts de corps d'armée peuvent priver, pour un temps, les délinquants de leur patente, et en cas de récidive, les renvoyer de l'armée. Ils rendent compte au chef d'état-major.

Domestiques.

Art. 44. Les domestiques des officiers, des employés de l'armée, des vivandiers et des marchands autorisés sont tenus d'avoir une attestation de la personne qui les emploie indiquant qu'ils sont à son service. Cette attestation est visée dans les corps par les colonels, dans les états-majors et les administrations par les prévôts (1). S'ils obtiennent des permissions, elles doivent être visées de la même manière.

Il est défendu de prendre à l'armée un domestique s'il n'est porteur d'un titre attestant qu'il est définitivement libéré du service.

La gendarmerie arrête les domestiques qui, sur sa réquisition, ne lui présentent pas l'attestation signée de leur maître, constatant qu'ils sont à son service, et, s'il y a lieu, leur permission.

Un domestique qui, pendant la campagne, abandonne la personne qui l'emploie, est réputé vagabond et arrêté comme tel.

Lorsqu'un domestique vient à cesser ses fonctions, la personne qui l'emploie est tenue de lui retirer l'attestation qu'elle lui a délivrée.

Si cet individu vient à disparaître sans rendre l'autorisation dont il est muni, la personne qui l'employait est tenue d'en informer sur-le-champ le commandant de la force publique qui rend

---

(1) Les domestiques la présentent toutes les fois qu'ils en sont requis par la gendarmerie.

Ils doivent en outre porter, d'une manière ostensible, une plaque, un brassard ou un insigne cousu sur la manche, indiquant leur nom et celui de la personne près de laquelle ils sont employés. (Art. 126 du décret du 28 mai 1895 sur le service des armées en campagne.)

compte hiérarchiquement au grand prévôt. Des ordres sont donnés pour que le fugitif soit retrouvé.

Cette mesure est de la plus haute importance pour empêcher et réprimer l'espionnage.

(Art. 537 du décret du 1er mars 1854.)

Vagabonds.

Art. 45. Les vagabonds ou gens sans aveu sont les individus qui n'ont ni domicile certain, ni moyen d'existence, et qui n'exercent habituellement ni métier, ni profession. Ils ne peuvent suivre les armées que pour se livrer au pillage et à la maraude.

La gendarmerie doit les arrêter.

Espions.

Art. 46. La gendarmerie doit exercer, au point de vue de l'espionnage, une surveillance incessante dans l'intérieur et aux abords des camps et cantonnements.

Il faut se méfier de tout individu qui, n'appartenant pas à l'armée, s'y présente pour y exercer une industrie quelconque. Les curieux doivent être également écartés avec soin.

Dans les localités où l'on séjourne plusieurs jours, il est important de surveiller, dans le voisinage des bureaux de poste, les individus étrangers au pays qui viennent jeter des lettres dans la boîte ou en réclamer au bureau restant. Les espions peuvent, en effet, correspondre entre eux par ce moyen.

Tout individu étranger à l'armée et au pays occupé, qui est trouvé dans un camp ou aux abords d'un camp avec des allures suspectes, est arrêté et conduit, sans retard, devant le commandant de la gendarmerie ; il est immédiatement interrogé pendant qu'il est encore sous le coup de l'émotion que lui a causée son arrestation ; il est ensuite fouillé minutieusement.

S'il existe des preuves contre lui, le commandant de la gendarmerie le fait conduire devant le chef d'état-major avec le procès-verbal détaillé de son arrestation et de son interrogatoire et les pièces à conviction.

S'il n'y a que des soupçons, l'arrestation est maintenue jusqu'à plus ample informé.

Si l'individu arrêté n'a pas de moyens d'existence dont il puisse justifier, il est considéré comme vagabond et jugé par le tribunal prévôtal.

Enfin, si deux témoins honorables et dignes de foi, en résidence dans le pays occupé, répondent de l'individu arrêté, et s'il n'a été relevé d'ailleurs contre lui aucune charge, on le met en liberté en l'invitant à s'abstenir de tout acte de curiosité vis-à-vis des troupes.

Sur le territoire français ou en pays allié, la gendarmerie doit s'enquérir de tout individu qui est signalé comme manifestant des sympathies pour l'ennemi ; elle le surveille attentivement et le fait surveiller en même temps par l'autorité locale.

Lorsque deux ou plusieurs individus soupçonnés d'espionnage ont été arrêtés en même temps, ils doivent être séparés et interrogés à part, afin qu'ils ne puissent concerter leurs réponses.

La gendarmerie arrête également quiconque aura recélé ou fait recéler des espions ou soldats ennemis envoyés à la découverte, et qu'elle aura connus pour tels.

Jeux de hasard.

Art. 47. Les officiers de gendarmerie sont spécialement chargés d'empêcher les jeux de hasard, qui sont formellement défendus.

Les militaires qui se livrent à ces jeux sont punis sévèrement ; ceux qui les tiennent, s'ils ne sont pas militaires, sont jugés par le tribunal de la prévôté (Code pénal, 475) ; ils sont chassés de l'armée.

Les appareils de jeux, les tables, les enjeux et les lots sont saisis et confisqués. (Code pénal, 477.)

(Art. 546 du décret du 1er mars 1854.)

Femmes de mauvaise vie.

Art. 48. La gendarmerie écarte de l'armée les femmes de mauvaise vie.

(Art. 546 du décret du 1er mars 1854.)

Voyageurs.

Art. 49. Dans les marches, la gendarmerie, en raison de la liberté d'action et de mouvements dont elle jouit, se trouve souvent en contact avec des voyageurs. Lorsqu'elle en rencontre un, elle l'interroge avec certaines précautions pour s'assurer d'abord que ce n'est pas un espion déguisé, pour obtenir ensuite des renseignements sur l'ennemi.

Elle lui demande son nom, son passeport ; d'où il vient et où il va ; s'il a rencontré des troupes en marche, leur espèce ; leur nombre approximatif ; à combien il estime le nombre des ennemis dans les lieux où il a passé ; si les troupes sont en bon état ; s'il y a des malades ; les villages où il y avait le plus de troupes ; où sont les dernières lignes des avant-postes ennemis ; où se trouve l'infanterie, la cavalerie ; comment sont les chemins, les ponts ; si l'ennemi les répare ou les dégrade ; s'il se fortifie : si les vivres sont chers dans le pays occupé par l'ennemi ; si le pays a pu conserver son bétail ; quels sont les bruits publics ; quelles nouvelles renferment les journaux de l'ennemi ; que dit le dernier journal lu.

Les réponses faites, si elles ont une importance suffisante, sont consignées par écrit, séance tenante, ou aussitôt après, et transmises, sous pli cacheté, au chef d'état-major, à qui on adresse, s'il y a lieu, le voyageur.

Au cas où on ne peut écrire, on fait accompagner celui-ci par un sous-officier intelligent, qu'on charge de dire au chef d'état-major ce qu'on n'écrit pas.

Direction à donner aux prévenus.

Art. 50. Les prévenus de crimes ou de délits, qui n'appartiennent pas à l'armée et qui sont cependant justiciables des conseils de guerre, sont conduits devant l'officier général qui commande la fraction de l'armée dans l'arrondissement de laquelle ils ont été arrêtés (Code de justice militaire, art. 68) ; ceux qui sont justiciables de la prévôté sont écroués à la prison par ordre du commandant de la force publique qui procède, sans désemparer, à leur jugement.

CHAPITRE VII.

RÔLE DE LA GENDARMERIE A L'ÉGARD DES MILITAIRES.

Devoirs de la gendarmerie pendant les combats.

Art. 51. Les détachements de gendarmerie qui accompagnent les troupes sont chargés de la police et du maintien de l'ordre en arrière des corps engagés.

Ils veillent, au moyen de postes et de patrouilles, à ce qu'aucun encombrement ne se produise sur les voies de communication, notamment dans les défilés et sur les ponts.

Ils interpellent les militaires qu'ils rencontrent errant ou s'éloignant du champ de bataille sans motif valable, leur enjoignent de retourner à leur poste ou les arrêtent, s'il y a lieu. Ils dirigent ceux qui sont blessés sur la formation sanitaire la plus voisine.

Ils se renseignent sur l'emplacement des différentes unités, des sections de munitions ou de parc, des formations sanitaires, etc., qui se trouvent dans leur voisinage, de manière à pouvoir en donner avis aux officiers et aux troupes intéressées.

Ils protègent les blessés et les prisonniers de guerre ; ils s'opposent au pillage ainsi qu'au dépouillement des morts.

En cas de retraite, ils font dégager les routes pour faciliter la marche des troupes.

Les détachements de gendarmerie qui accompagnent les trains régimentaires veillent au maintien de l'ordre et à l'exécution rigoureuse des prescriptions données par le commandement. Ils empêchent ces trains de stationner sur les routes et prennent les dispositions nécessaires pour qu'ils puissent, le cas échéant, rétrograder avec ordre et rapidité.

Note ministérielle du 28 novembre 1895 qui modifie l'art. 543 du décret du 1er mars 1854. (Voir également les articles 68 et 123 du décret du 28 mai 1895 sur le service des armées en campagne.)

Devoirs de la gendarmerie après le combat.

Art. 52. Après le combat, le chef d'état-major donne des ordres pour rechercher les blessés des deux armées et leur assurer les soins nécessaires ; faire enterrer les morts après constatation de leur identité et assainir le champ de bataille.

Des corvées sont fournies par les corps ou requises dans la population pour le creusement des fosses et pour le transport des morts jusqu'à ces fosses. Des voitures sont, au besoin, réclamées aux habitants pour ce dernier objet.

Jusqu'à l'achèvement de ces opérations, un service de police, auquel la gendarmerie prend part, est organisé sur tout le champ de bataille.

La gendarmerie veille à ce que les armes, les munitions, les effets d'équipement, que le commandant de l'artillerie est chargé de faire recueillir sur le terrain, ne soient pas dérobés par les habitants employés à l'enterrement des cadavres.

Elle surveille l'exécution des instructions données, s'il y a lieu, pour le dépouillement des morts.

(V. l'article 140 du décret du 28 mai 1895 sur le service des armées en campagne.)

Militaires arrêtés.

Art. 53. La gendarmerie reconduit à leurs corps tous les militaires qu'elle arrête, s'ils n'ont commis que des contraventions ou de légers délits.

Quand l'inculpation élevée contre eux est de la compétence des conseils de guerre, la gendarmerie les conduit à la prison du quartier général, et remet les pièces de conviction au chef d'état-major de la division, qui prend les ordres du général pour faire informer.

(Art. 540 du décret du 1er mars 1854.)

Les pièces de conviction comprennent :

1° Le procès-verbal d'arrestation ;

2° Tous les documents recueillis dans l'instruction que l'officier de police judiciaire de la gendarmerie aura dû faire, au moins d'une façon sommaire, avant de conduire l'inculpé en prison.

Militaires en désertion.

Art. 54. Inscription est faite de leur signalement sur un registre de déserteurs du modèle adopté pour la gendarmerie départementale.

Les signalements des prisonniers évadés sont envoyés sans délai au prévôt, qui les notifie, comme ceux des déserteurs, aux commandants des diverses forces publiques.

Lorsqu'un militaire déserte ou s'évade de prison, son signalement doit être adressé dans les vingt-quatre heures, au plus tard, au prévôt ou au commandant de la force publique, qui est chargé de prendre les mesures nécessaires pour son arrestation. (Art. 127 du décret du 28 mai 1895 sur le service des armées en campagne.)

Déserteurs ennemis.

Art. 55. Les déserteurs ennemis sont dirigés sur le quartier général le plus voisin. Leurs armes sont remises au service de l'artillerie, leurs équipages à l'intendance et leurs chevaux au service de la remonte.

La gendarmerie assure l'exécution de ces mesures à l'égard des déserteurs qui lui sont amenés ou qui se présentent à elle.

Le commandant de la gendarmerie les interroge à leur arrivée, parce que c'est le moment où ils sont le plus disposés à parler. Il leur demande le numéro ou le nom de leur régiment, la brigade, la division, le corps d'armée dont ils font partie ; les noms des généraux qui les commandent, le siège du grand quartier général, les positions qu'occupe l'ennemi ; s'il attend des renforts ; s'il se prépare à faire un mouvement prochain et dans quelle direction ; quels sont les bruits qui circulent ; si les subsistances sont abondantes ; où sont les dépôts et les convois ; où sont les ambulances ; s'il y a beaucoup de malades ; quelle direction suit la colonne ; où elle doit aller ; quelle est sa composition ; s'il y a beaucoup de chevaux ; s'ils sont en bon état ; s'il y a beaucoup de jeunes soldats.

Lorsque le déserteur est un artilleur, on cherche à savoir de lui s'il y a beaucoup d'artillerie, de quel calibre ; où sont les parcs, s'il y a des munitions en quantité suffisante ; si les chevaux d'attelage sont en bon état ; s'il existe un équipage de ponts.

Le résultat de l'interrogatoire est transmis, sous pli cacheté, au chef d'état-major, en même temps qu'on envoie le déserteur au quartier général.

Vente et achat de rations.

Art. 56. La vente et l'achat des rations sont formellement interdits. La gendarmerie dresse procès-verbal de ces faits, dès qu'elle en est informée ou qu'elle peut les constater elle-même, et en avise le chef d'état-major.

Salubrité publique.

Art. 57. La gendarmerie porte une attention constante à tout ce qui concerne la salubrité publique. Elle veille à la propreté des abords des camps et requiert les corps de troupe de faire enfouir les détritus des abatages qu'ils font pour leur compte.

En cas de départ précipité d'une troupe, celle qui la remplace est tenue de s'acquitter de ce soin.

Les animaux morts trouvés à proximité des camps sont signalés aux chefs d'état-major, qui font commander les corvées nécessaires pour procéder à leur enfouissement.

A défaut de troupe, la gendarmerie requiert l'autorité locale.

La gendarmerie dresse procès-verbal contre les marchands et vivandiers qui laissent séjourner, dans le voisinage de leur installation, des débris à exhalaisons insalubres.

Dans les cantonnements, elle veille à l'exécution stricte, par les habitants, des règlements édictés par l'autorité militaire pour le balayage des rues, le nettoyage des égouts et l'enlèvement des immondices.

Elle rend compte au chef d'état-major des épizooties qui viennent à se produire.

Enfin elle veille à ce que les animaux morts de maladies contagieuses soient enfouis profondément avec leur cuir.

(Art. 550 du décret du 1er mars 1854.)

Chasse.

Art 58. La chasse est interdite, en campagne, aux militaires de tous grades.

La gendarmerie signale les infractions à cette règle.

(Art. 127 du décret du 28 mai 1895 sur le service des armées en campagne et 546 du décret du 1er mars 1854.)

Chevaux d'inconnus, chevaux des déserteurs.

Art. 59. La gendarmerie veille à ce qu'il ne soit pas acheté de chevaux à des personnes inconnues.

Ceux qui ont été volés ou trouvés sans maitre sont conduits au commandant de la gendarmerie, qui les verse au service de la remonte. Ils peuvent être rendus à leur propriétaire, s'il les réclame.

La gendarmerie conserve le signalement de ces chevaux, pour faciliter les recherches ultérieures (registre modèle n° 9).

Les chevaux amenés par les déserteurs sont également remis au service de la remonte.

(V. les art. 547 et 548 du décret du 1er mars 1854.)

Police du pays occupé (cantonnements et camps).

Art. 60. Des patrouilles de jour et de nuit sont faites par la gendarmerie dans toute l'étendue du pays occupé par la fraction de l'armée à laquelle elle est attachée.

Ces patrouilles ont pour objet d'empêcher tout désordre, de faire fermer les cabarets et tous autres lieux publics aux heures fixées, de conduire à leurs corps les soldats avinés, d'arrêter les espions, d'empêcher la maraude, etc.

En cas de contravention, les marchands sont sévèrement punis et leurs établissements consignés à la troupe.

Des patrouilles mixtes, composées de quelques soldats et dirigées par deux gendarmes, peuvent aussi être formées pour aider la gendarmerie à protéger les populations et les propriétés. Pour faciliter ce service, un habitant peut être astreint à guider les patrouilles.

(Art. 551 du décret du 1er mars 1854)

Aussitôt après l'heure fixée pour l'appel du soir et pour la fermeture des lieux publics, les patrouilles de gendarmerie procèdent elles-mêmes à l'évacuation des cafés, cabarets, auberges, etc. Elles enjoignent aux sous-officiers et soldats qu'elles rencontrent hors des camps et cantonnements d'y rentrer immédiatement, s'ils ne sont pas porteurs de permissions en règle. Elle prend leur numéro matricule, leur grade, ainsi que leur arme et le numéro de leur régiment. La liste de ces militaires est remise le lendemain matin au commandant du cantonnement.

La gendarmerie arrête et reconduit à son corps tout sous-officier ou soldat qui, rencontré hors du camp ou du cantonnement après l'heure de l'appel du soir, refuse de donner son numéro matricule ou d'exhiber sa permission.

Dans le jour, la gendarmerie arrête les hommes chargés d'effets ou d'ustensiles non réglementaires dont ils ne peuvent justifier l'origine; ceux qui coupent les arbres fruitiers ou d'agrément; ceux qui arrachent les haies, les poteaux ou les palissades, ceux qui prennent des bois neufs ou façonnés, qui volent des fruits ou des légumes, etc.

Elle reçoit les déclarations des habitants qui ont à se plaindre de vexations commises par des militaires ou des employés de l'armée.

En pays ennemi, le commandant du cantonnement, outre qu'il prend des otages, interdit aux habitants, sous peine d'exécution militaire, de dépasser les avant-postes; il exige qu'ils restent chez eux après l'heure fixée par lui; il défend qu'ils sonnent les cloches; il les prévient qu'en cas d'alerte ils ne devront ni sortir de leur demeure, ni ouvrir leurs fenêtres, ni fermer leurs volets, et, si l'alerte a lieu la nuit, qu'ils seront tenus d'éclairer leurs fenêtres à l'intérieur.

La gendarmerie veille à l'exécution stricte de ces mesures, et de toutes celles qui sont prises pour accroître la sécurité des troupes.

Au départ des cantonnements, des gendarmes y sont laissés, pour forcer les retardataires à rejoindre leur corps. Ils parcourent les rues avec soin, et ne quittent à leur tour la localité que quand l'évacuation est complète.

Soins à prendre en cas de séjour dans un cantonnement.

Art. 61. En cas de séjour dans un cantonnement, les officiers de gendarmerie, et sous leurs ordres les chefs de brigade, profitent des jours de repos pour faire nettoyer les armes de leur détachechement, mettre en état les effets de toute nature (et les voitures) et faire ferrer et panser à fond les chevaux.

Ils veillent à la propreté corporelle de leurs hommes ; ils passent dans les logements, visitent les écuries, s'assurent que leurs subordonnés sont pourvus de tout ce que l'habitant doit leur fournir, et répriment sévèrement toute exigence illégitime de leur part.

Au cantonnement comme au bivouac, le paquetage doit être fait tous les soirs, et disposé de manière à être promptement chargé sur les chevaux.

Arrivage des vivres et des fourrages.

Art. 62. La gendarmerie protège l'arrivage, dans les camps et cantonnements, des vivres et des fourrages nécessaires à la subsistance des troupes qui les occupent. Elle veille à ce que les conducteurs civils des voitures de vivres et de fourrages ne subissent aucune entrave.

CHAPITRE VIII.

GENDARMERIE DU SERVICE DES ÉTAPES.

Organisation et répartition de la gendarmerie du service des étapes.

Art. 63. Le service des étapes d'une armée est chargé d'assurer la continuité des transports de personnel et de matériel entre cette armée et le territoire national. Il dispose d'une force publique répartie entre les différents commandements d'étapes (1).

L'officier supérieur ou capitaine de gendarmerie qui est le chef de cette force publique, relève à la fois du directeur des étapes de l'armée et du grand prévôt de l'armée ; il prend le nom de prévôt d'étapes.

Le chef de chacun des groupes de la force publique est subordonné, en même temps, au commandant d'étapes près duquel il est placé et au prévôt d'étapes.

Service des renseignements.

Art. 64. La gendarmerie des étapes renseigne, autant que pos-

---

(1) Les *lignes* d'étapes sont jalonnées par les *gîtes* d'étapes, distants d'une marche, et dans chacun desquels est établi un commandement d'étapes.

sible, les commandants d'étapes sur l'état d'esprit des populations, sur les agissements des anciens fonctionnaires ou employés civils et des habitants suspects résidant dans le pays, sur l'existence des dépôts ou magasins que les autorités locales ou les particuliers auraient intérêt à cacher, sur les ressources de toutes sortes que peut offrir le territoire du commandement d'étapes (vivres, fourrages, fours de boulanger, moulins, établissements industriels utiles à l'armée, moyens de transport, bâtiments susceptibles d'être aménagés en hôpitaux, magasins, casernes, etc.).

Détachements et militaires isolés de passage.

Art. 65. La gendarmerie veille à ce que les détachements de passage observent les consignes établies, soit dans l'intérieur de la localité, soit dans ses environs, pour assurer le bon ordre et éviter l'encombrement.

Elle exerce une surveillance particulière sur les isolés de passage.

Tout militaire isolé, non pourvu de feuille de route, ou rencontré hors de la direction que lui assigne sa feuille de route, est arrêté. Le commandant d'étapes statue à son égard dans les vingt-quatre heures.

Habitants ou étrangers prévenus de crimes ou de délits contre l'armée.

Art. 66. La gendarmerie arrête également les habitants ou les étrangers qui sont prévenus de crimes ou délits contre l'armée, et les amène devant le commandant d'étapes. Ce dernier, après enquête sommaire, les met en liberté ou les dirige sur le conseil de guerre le plus voisin.

Diverses surveillances à exercer.

Art. 67. La gendarmerie surveille les hôtels et les auberges, se fait rendre compte de l'arrivée des étrangers, et opère l'arrestation de tout individu dépourvu de passeport ou de papiers établissant nettement sa situation.

Elle exige la présentation de la carte d'identité dont doit être muni chacun des membres de la Société de secours aux blessés.

Elle exerce une surveillance particulière sur les anciens employés des postes, des télégraphes, des forêts, etc.

Elle ne tolère aucune réunion publique sans autorisation préalable.

Salubrité publique.

Art. 68. La gendarmerie surveille la qualité des denrées vendues ou fournies par les habitants.

Elle assure l'exécution stricte des mesures de police sanitaire prescrites par le commandant d'étapes. Elle signale sans retard, à ce dernier, l'apparition des maladies épidémiques.

Service de la gendarmerie dans les gares de chemin de fer.

Art. 69. Le poste de gendarmerie d'étape affecté à la police d'une gare est placé sous l'autorité du commandant militaire de cette gare. Il est chargé de surveiller les voyageurs et de maintenir l'ordre dans la gare lors du passage ou de l'arrivée des trains militaires.

Pour rendre l'examen des papiers des voyageurs plus facile et plus efficace, les trains sont arrêtés à 200 ou 300 mètres de la gare. Tous les voyageurs dont l'identité demeure douteuse, ou dont les intentions peuvent sembler suspectes, sont conduits devant le commandant de la gendarmerie ou le commandant de la gare.

Lorsqu'un train militaire arrive, les gendarmes du poste sont répartis sur le quai de débarquement et empêchent les soldats de descendre avant les sonneries ou batteries qui doivent donner le signal.

Pendant que le train demeure en gare, les gendarmes assurent le maintien de l'ordre et empêchent les soldats de sortir et de se répandre à l'extérieur de la gare. Ils empêchent également de fumer dans les wagons à chevaux, et même dans les wagons de la troupe, si, en raison du froid, de la paille a été étendue sur le plancher.

Les gendarmes s'assurent de la position régulière des militaires qui voyagent isolément : ils veillent à ce que ces isolés ne troublent pas l'ordre dans les salles et sur les quais.

Tout individu qui cherche, par un moyen quelconque, à entraver la marche des trains ou à intercepter les communications télégraphiques est arrêté et conduit devant l'officier de police judiciaire militaire le plus voisin.

Lorsqu'il existe dans la zone d'étapes un embarcadère de bateaux à vapeur, on peut y établir un service de gendarmeri analogue à celui des gares.

(V. l'art. 552 du décret du 1er mars 1854.)

CHAPITRE IX.

DES RÉQUISITIONS (1).

Réquisitions en territoire national.

Art. 70. Les réquisitions en territoire national sont réglées par la loi du 3 juillet 1877, par le décret du 2 août 1877 modifié par le décret du 23 novembre 1886, enfin par l'instruction ministérielle du 1er août 1879.

(V. l'article 103 du décret du 28 mai 1895 sur le service des armées en campagne.)

Exercice du droit de requérir.

Art. 71. En cas de mobilisation, le droit de requérir est exercé par les généraux commandant les *armées*, les *corps d'armée*, les *divisions* opérant isolément et les *troupes* ayant une mission spéciale.

Ces généraux peuvent déléguer le droit de requérir aux fonctionnaires de l'intendance ou aux officiers commandant des détachements, et même le sous-déléguer à des officiers désignés par les chefs de corps ou de service.

Tout officier qui possède le droit de requérir, soit directement, soit par délégation ou sous-délégation, est pourvu de deux carnets à souches : l'un d'ordres de réquisition, l'autre de reçus.

Exceptionnellement, tout commandant de troupes ou chef de détachement, opérant isolément, peut, même sans être porteur de carnets, requérir, sous sa responsabilité personnelle, les prestations nécessaires aux besoins journaliers des hommes et des chevaux placés sous ses ordres.

Réquisitions abusives.

Art. 72. La gendarmerie dresse procès-verbal des réquisitions abusives, ainsi que de celles qui sont exercées par des militaires sans qualité pour les faire, afin que ces infractions soient poursuivies conformément aux prescriptions de l'article 22 de la loi du 3 juillet 1877.

Aucun militaire, aucun employé de l'armée ne peut, sans autorisation régulière et légale, requérir ni voitures, ni chevaux. En cas d'infraction, la gendarmerie dresse procès-verbal ; elle est chargée de recevoir les plaintes des propriétaires, tant sur cet objet que sur tout autre, et d'y donner suite s'il y a lieu. (Art. 545 du décret du 1er mars 1854.)

Réquisitions en pays ennemi.

Art. 73. Les réquisitions en pays ennemi sont réglées par les articles 104 à 110 du décret sur le service des armées en campagne, complétés, selon les cas, par les ordres des généraux en chef.

(Actuellement, c'est l'article 103 du décret du 28 mai 1895.)

CHAPITRE X.

Des sauvegardes et des sauf-conduits.

Art. 74. La gendarmerie aux armées se conforme, en ce qui concerne le service des sauvegardes, au titre VI, chapitre V, du décret sur le service des armées en campagne.

Ce titre, imprimé sur feuille volante, est distribué à tous les hommes employés aux sauvegardes. Les prévôtés et forces publiques sont tenues d'en avoir un approvisionnement proportionné à leur effectif.

(V. art. 87 du décret du 28 mai 1895 sur le service des armées en campagne.)

Le grand prévôt est chargé de la surveillance et de la police des sauvegardes : elles lui obéissent ainsi qu'aux officiers et sous-officiers de gendarmerie. (Art. 87 dudit règlement.)

Des sauf-conduits.

Art. 75. Le général en chef peut délivrer des sauf-conduits ou laissez-passer, qui sont de véritables passeports ayant pour effet de permettre, à ceux qui en sont l'objet, de traverser les lignes de l'armée.

Un sauf-conduit n'est valable que pour les personnes qui y sont désignées nominativement et sur le territoire occupé par l'armée. Il perd sa valeur par l'écoulement du délai qui y est déterminé, à moins que les titulaires n'aient été empêchés par cas de force majeure, dûment constaté, d'exécuter la traversée des lignes.

Lorsque la gendarmerie rencontre des personnes munies de sauf-conduits, elle doit s'assurer avec le plus grand soin de la validité de ces titres et de l'identité des porteurs, et ne pas hésiter, en cas de doute, à empêcher ces derniers de continuer leur route, jusqu'à ce que leur identité soit parfaitement établie.

CHAPITRE XI.

DES PRISONS (1).

Installation des prisons.

Art. 76. Des prisons destinées à recevoir les militaires de tous grades, les gens sans aveu ou suspects, etc., sont établies dans les quartiers généraux d'armée, de corps d'armée, de division et de brigade opérant isolément par les soins des prévôts et des commandants de détachement. Elles sont placées sous l'autorité de ces officiers et sous la surveillance des commandants des quartiers généraux.

(Art. 124 du décret du 28 mai 1895 sur le service des armées en campagne et 538 du décret du 1er mars 1854.)

Si la troupe est logée chez l'habitant, un local spacieux, solidement construit, facile à garder, et présentant toutes les garanties contre les évasions, est choisi par la gendarmerie.

---

(1) Voir le *Règlement sur les prisonniers de guerre* en date du 21 mars 1893; brochure in-8° de 80 pages, 0 fr. 75. Henri Charles-Lavauzelle, éditeur.

Chaque fois que l'assiette des lieux le permettra, une chambre devra être spécialement affectée aux officiers, s'il en existe parmi les prisonniers. Les militaires sont séparés des civils, et, si cela est possible, les sous-officiers en prévention des simples soldats.

S'il existe des caves dans la maison, elles seront transformées en cachot pour les prisonniers dangereux.

Toutes les portes devront être pourvues de moyens de fermeture solides, les diverses pièces ne pourront communiquer entre elles.

Dans le cas où la troupe est campée loin des habitations, de grandes tentes fournies par l'administration du campement sont employées à titre de prison.

Aménagement des prisons.

Art. 77. Il doit y avoir dans chaque chambre un baquet, une cruche à eau et la paille de couchage nécessaire. En cas de séjour prolongé dans un cantonnement, cette paille est renouvelée tous les dix jours.

Les prisons sont pourvues des ustensiles indispensables pour préparer les aliments des détenus et des balais nécessaires pour assurer la propreté des locaux. Ce matériel est fourni, s'il y a lieu, par l'autorité locale sur réquisition.

Personnel exécutif des prisons.

Art. 78. Le chef de brigade qui commande le détachement affecté à la garde des prisonniers remplit les fonctions de gardien chef; il est aidé, dans l'exécution de son service, par les gendarmes placés sous ses ordres.

Si le nombre des prisonniers l'exige, une garde de police est établie dans le voisinage de la prison, par ordre du général commandant, sur la demande du prévôt ou du chef de détachement. Cette garde doit, à toute heure du jour et de la nuit, déférer aux réquisitions du gardien-chef; elle prend les armes au moment des appels et pendant tous les mouvements opérés en masse par les détenus.

Il est interdit aux militaires de la garde de police d'avoir aucune espèce de communication avec les détenus.

Individus reçus dans les prisons.

Art. 79. Les prisons reçoivent :

Les militaires prévenus de crime ou de délit ;

Les militaires condamnés qui attendent, soit l'exécution de leur jugement, soit une commutation de peine, soit leur transfèrement;

Les gens sans aveu, suspects, ou prévenus de crime ou de délit;

Les individus, militaires ou non, voyageant sous l'escorte de la gendarmerie ;

Les militaires arrêtés en absence illégale et dont la position n'est pas déterminée ;

Les militaires désignés pour les compagnies de discipline;

Les individus condamnés par le tribunal prévôtal à un emprisonnement de courte durée qui n'exige pas leur transfèrement sur les prisons de l'intérieur, et, en général tous les individus dont l'incarcération est ordonnée;

Les femmes ne sont pas généralement reçues dans les prisons des quartiers généraux; elles sont remises à l'autorité locale: dans le cas d'impossibilité, elles sont dirigées, d'urgence, sur les prisons de l'intérieur.

Afin d'éviter l'encombrement des prisons, les prévôts procèdent, sans désemparer, au jugement de tous les individus qui leur sont amenés et sur lesquels s'étend leur juridiction.

(Art. 539 du décret du 1er mars 1854.)

Formalités à observer pour faire écrouer.

Art. 80. Aucun militaire, aucun individu non militaire n'est maintenu dans les prisons que sur l'ordre du chef d'état-major ou des officiers prévôtaux.

Les individus arrêtés en flagrant délit par la gendarmerie, sont reçus par le gardien-chef, en attendant que l'ordre d'écrou soit signé par l'officier prévôtal (prévôt ou commandant de détachement), ce qui doit avoir lieu dans les vingt-quatre heures.

Il en est de même de ceux qui sont conduits à la prison en vertu d'un mandat d'amener signé par le commissaire du gouvernement près du conseil de guerre; ils sont l'objet d'un ordre d'écrou signé par le chef d'état-major.

Les militaires punis disciplinairement de prison marchent avec la troupe à laquelle ils appartiennent; sous aucun prétexte, ils ne sont admis dans les prisons militaires.

Formalités à observer pour faire lever l'écrou.

Art. 81. Les individus détenus ne peuvent être mis en liberté que sur l'ordre du chef d'état-major ou des officiers prévôtaux.

L'ordre d'extraction concernant un militaire est toujours envoyé à son chef de corps qui fait prendre le détenu par un sous-officier.

Les détenus de passage sont extraits par les gendarmes chargés de les transférer et qui présentent au brigadier gardien-chef l'ordre de conduite visé par le prévôt ou le commandant du détachement.

Aucun homme ne doit être mis en route sans avoir été visité et reconnu en état de supporter les fatigues du voyage; il doit être pourvu d'une bonne paire de chaussures.

Registres tenus par le brigadier gardien-chef.

Art. 82. Le brigadier gardien-chef tient deux registres d'écrou, l'un pour les militaires, l'autre pour les civils. Ces registres sont cotés et paraphés par le commandant du quartier général (modèles nos 10 et 11.)

Le gardien-chef y inscrit, au fur et à mesure des entrées, les nom, prénoms, âge, lieu de naissance, grade et corps du détenu, ainsi que l'indication de l'autorité qui a ordonné l'écrou.

L'écrou est constaté sur le registre, en regard de chaque nom, par la signature du militaire de la gendarmerie, ou d'une autre arme qui a conduit le détenu à la prison. Le gardien-chef remet, en échange du détenu, un récépissé signé constatant le jour et l'heure où le prisonnier a été écroué.

La levée d'écrou est constatée sur le registre par la signature du militaire de la gendarmerie, ou d'une autre arme, porteur de l'ordre d'extraction. Il y est fait mention de la date de la sortie et de la destination donnée au détenu.

Lorsqu'un détenu est appelé, soit comme prévenu, soit comme témoin, devant le conseil de guerre ou au greffe, il est remis au gendarme chargé de le conduire, sur le réquisitoire écrit du commissaire rapporteur ou de son substitut. Il doit être réintégré à la prison avant le coucher du soleil, ou immédiatement après la levée de la séance s'il a comparu devant le conseil de guerre.

Lorsqu'un détenu est envoyé à l'hôpital ou à l'ambulance, il y est conduit par un gendarme porteur d'un billet d'entrée délivré par l'officier de santé chargé de la visite sanitaire des détenus, et signé par le gardien-chef. Ce gendarme rapporte une déclaration d'entrée, sur le vu de laquelle mention de la mutation du détenu est portée au registre d'écrou dans la colonne « observations ».

Fonds appartenant aux détenus.

Art. 83. Le gardien-chef fait fouiller, en présence de l'agent qui l'a amené, tout détenu écroué pour quelque motif que ce soit, s'il n'est pas officier, afin de s'assurer qu'il n'a sur lui, au moment de son arrivée, ni argent, ni objets meurtriers.

Toute somme trouvée en sa possession lui est retirée et le gardien-chef en inscrit le montant sur le registre des comptes courants des détenus (modèle n° 12), en présence du témoin précité.

Les sommes que le détenu peut recevoir ultérieurement de sa famille sont inscrites par le gardien-chef sur ce même registre, en présence du détenu et d'un gendarme de service à la prison, l'intéressé émarge en regard de l'inscription.

Si le détenu ne sait pas signer, il appose sa croix en présence des mêmes personnes qui signent et certifient que lecture a été faite des inscriptions.

Les sommes appartenant au détenu servent à l'achat d'objets d'absolue nécessité.

Les comptes sont arrêtés tous les mois si de nouvelles inscriptions ont été faites.

Lorsque le détenu quitte la prison, son compte est arrêté définitivement; son argent lui est rendu s'il est mis en liberté, ou le suit s'il est transféré sur un autre point.

Dans ce dernier cas, l'argent est remis aux gendarmes chargés du transfèrement, qui attestent la remise par leur signature au registre des comptes courants et au registre d'écrou.

En cas d'évasion ou de décès, cet argent est versé au Trésor.

Nourriture des prisonniers.

Art. 84. Il est pourvu à la nourriture des prisonniers au moyen de rations perçues, en même temps que celles de la prévôté, sur des bons établis au titre de la justice militaire. Ces rations sont les mêmes que celles de la troupe, à l'exception du vin et des autres liquides.

Les registres d'écrou, visés chaque jour par le sous-intendant, servent de pièces justificatives pour ces allocations et perceptions.

(Art. 538 du décret du 1er mars 1854.)

Les détenus entrant avant l'heure de la soupe du soir ont droit à la ration complète pour le jour de leur entrée.

Ceux qui sont mis en liberté touchent la totalité de la ration pour le jour de leur sortie et quelle que soit l'heure de cette sortie.

Les passagers ne reçoivent, avant leur départ, qu'une ration de pain; le complément des vivres leur est délivré à la prison dans laquelle ils doivent coucher.

Les vivres ne peuvent, sous aucun prétexte, être remplacés par une allocation pécuniaire.

Hygiène et soins de propreté.

Art. 85. Les chambres sont balayées le matin et le soir, aérées le plus souvent possible; trois fois par jour on doit vider les baquets, les laver à grande eau et remplir les cruches.

Les détenus se lavent tous les jours et changent de chemise une fois par semaine. A cet effet, chacun d'eux doit posséder deux chemises. Le linge qui manque aux détenus militaires leur est fourni par leurs corps; les détenus civils sont pourvus par l'autorité locale, sur réquisition du prévôt ou du chef de détachement.

Visites sanitaires.

Art. 86. Les prisons sont visitées tous les jours par un officier de santé du quartier général désigné à cet effet. Les militaires écroués depuis la visite de la veille lui sont présentés; ceux qui sont atteints de maux contagieux sont conduits à l'hôpital ou à l'ambulance, sous escorte de la gendarmerie. Il en est de même des malades.

Police et discipline.

Art. 87. Le brigadier gardien-chef est responsable de tout ce qui concerne le service de la prison; il prend, pour empêcher les évasions, toutes les mesures qu'il croit nécessaires.

Il lui est défendu de maltraiter les détenus; il use de son autorité avec justice et modération, mais toujours avec fermeté.

Il est fait chaque jour trois appels des détenus. La nuit, des visites ont lieu.

Les mouvements ordonnés aux détenus doivent toujours être exécutés en silence.

Tous les jeux de hasard sont sévèrement interdits entre les détenus.

Les chants et les démonstrations bruyantes sont également défendus.

Les détenus sont responsables de la conservation de leurs effets.

Les militaires de la gendarmerie ne doivent leur vendre ou leur faire passer quoi que ce soit, sous peine de punition sévère.

Les lettres qu'écrivent ou reçoivent les détenus sont lues par le gardien-chef; celles des officiers sont remises au chef d'état-major qui en prend connaissance s'il le juge utile.

Les condamnés à la peine de mort et à toute autre peine afflictive et infamante sont, autant que possible, mis à part. Après leur condamnation, et avant leur réintégration à la prison, ils sont soigneusement fouillés et privés de tout moyen de destruction.

Punitions.

Art. 88. Les fautes légères des détenus sont punies par les corvées hors tour; les fautes graves d'indiscipline, par la cellule de correction simple, ou même par la cellule de correction avec fers.

La corvée hors tour implique l'obligation de prendre part à toutes les corvées pendant vingt-quatre heures.

La cellule de correction, avec ou sans fers, entraîne la suppression de tous les vivres autres que le pain. La cellule avec fers ne peut être infligée pour plus de huit jours; elle est prescrite dans le cas de fureur ou de violence grave, et les officiers prévôtaux peuvent seuls la prononcer. L'exécution de la punition de cellule avec fers est assurée au moyen des chaînettes ou même des poucettes de la gendarmerie.

Le gardien-chef porte à huit jours seulement la punition de la cellule de correction simple; au delà, l'intervention des officiers est nécessaire.

Toute punition prononcée par le brigadier gardien-chef, ou en son absence par le plus ancien gendarme, doit recevoir immédiatement son exécution.

Le commandant de la force publique rend comptes au commandant du quartier général des punitions infligées aux détenus.

Corvées.

Art. 89. Les corvées se font à tour de rôle.

Tous les détenus, sauf les officiers, sont astreints aux corvées, soit intérieures, soit extérieures; ces dernières se font sous escorte.

La cuisine est faite par l'un d'entre eux, moyennant une légère rétribution fixée par le commandant de la force publique et donnée par ceux des détenus qui ont de l'argent.

Il en est de même pour le blanchissage du linge.

Les détenus qui blanchissent ou font la cuisine sont exempts de toute autre corvée.

Visite de surveillance des officiers.

Art 90. Les officiers prévôtaux visitent tous les jours, au moins une fois, les prisons à des heures variables. Ils reçoivent les réclamations des détenus, y font droit s'il y a lieu, et signent les registres d'écrou.

Le commandant du quartier général, qui a dans ses attributions la surveillance des prisons, visite également la prison à des jours et à des heures indéterminés. Il se fait rendre compte du fonctionnement du service, entend les réclamations, examine avec les officiers prévôtaux la suite qu'elles peuvent recevoir, et constate sa visite par sa signature aux registres d'écrou.

Les sous-intendants visitent aussi tous les jours les prisons pour s'assurer que le nombre des détenus existant est en concordance avec celui qui résulte des inscriptions faites sur les registres d'écrou; ils apposent leur visa sur ces derniers.

Communications avec les détenus.

Art. 91. Personne n'est admis à visiter les détenus sans l'autorisation écrite du chef d'état-major, du commandant du quartier général ou du commandant de la force publique.

Ont libre accès dans les prisons, à moins d'ordres exceptionnels du général commandant le corps d'armée ou la division:

Les commissaires rapporteurs et leurs substituts;

Les officiers généraux;

Les chefs d'état-major;

Les officiers de police judiciaire;

Les chefs de corps ou de service;

Les membres de l'intendance chargés de la surveillance administrative de la prison;

Le médecin chargé du service sanitaire;

Les ministres des différents cultes attachés à l'armée.

Les avocats munis d'une autorisation du commissaire rapporteur peuvent communiquer avec les prévenus qu'ils sont chargés de défendre.

Lorqu'un officier ou assimilé paraît dans la prison, tous les détenus se lèvent.

Décès.

Art. 92. En cas de décès à l'hôpital ou à l'ambulance, un billet de décès est adressé sur-le-champ au gardien-chef, qui dresse procès-verbal et envoi à l'hôpital ou à l'ambulance un gendarme pour reconnaître le décédé.

Le gardien-chef fait mention du décès sur le registre d'écrou; il en est donné, en outre, avis au corps auquel appartenait le détenu.

On opère d'une manière analogue quand le détenu meurt dans un des locaux de la prison; c'est l'officier prévôtal qui dresse alors l'acte de décès.

Lorsque le décédé est un détenu civil, un extrait de l'acte de décès est envoyé au maire du dernier domicile.

Dans aucun cas, le procès-verbal ou sa copie ne doit être joint à l'acte de décès.

Evasions.

Art. 93. Lorsqu'un détenu parvient à s'évader, le gardien-chef rend compte immédiatement à l'officier prévôtal, qui avise sans délai le chef d'état-major et le commandant du quartier général.

Le signalement de l'évadé est transmis sans délai à toutes les forces publiques voisines; les recherches les plus actives sont faites pour retrouver l'évadé

L'officier prévôtal ouvre une enquête dans le but de déterminer s'il y a eu connivence, ou simplement négligence.

Tout militaire de la gendarmerie qui laisse évader un prisonnier est puni disciplinairement. Il peut être traduit devant le conseil de guerre et condamné aux peines portées aux articles 237 et suivants du Code pénal.

Situation sommaire des prisons.

Art. 94. Chaque matin, le gardien chef établit une situation sommaire de la prison (modèle n° 13). Les détenus y sont portés numériquement par catégories; les mutations y sont inscrites nominativement, ainsi que les punitions prononcées. Il y est fait également mention succincte des événements graves qui se seraient passés dans les vingt-quatre heures.

Cette situation est adressée à l'officier prévôtal, qui la transmet immédiatement au chef d'état-major par l'intermédiaire du commandant du quartier général.

Exécutions militaires.

Art. 95. Lors de l'exécution des jugements des tribunaux militaires, la gendarmerie ne peut être commandée que pour assurer le maintien de l'ordre, et reste étrangère à tous les détails de l'exécution.

En cas d'exécution capitale, le condamné est amené sur le terrain par un détachement de troupe de ligne de 50 hommes. C'est l'officier commandant le détachement qui signe la levée d'écrou, et qui, à partir de ce moment, devient responsable du prisonnier. Le piquet d'exécution est pris dans le corps du condamné ou dans un des corps présents sur les lieux, s'il n'appartient pas à l'un d'eux. La gendarmerie n'a pas à intervenir dans les détails de l'inhumation, c'est le commandant du cantonnement qui prend des mesures à cet égard.

Les condamnés à une autre peine que la peine capitale sont également amenés, sur le lieu d'exécution, par un détachement de troupe de ligne. Lorsque le jugement a reçu son effet, ils sont remis à la gendarmerie, qui peut requérir qu'une portion du détachement lui prête main-forte pour assurer la réintégration des condamnés dans la prison où ils attendent leur transfèrement.

(V. les art. 122 et 127 du décret du 4 octobre 1891 sur le service des places.)

CHAPITRE XII.

TRANSFÈREMENTS.

Ordre de transfèrement.

Art. 96. L'ordre de transfèrement est donné par l'autorité militaire et comprend, autant que possible, un certain nombre de détenus qu'on forme en convoi.

Les ordres de transfèrement sont toujours enregistrés ; ils restent entre les mains du brigadier gardien-chef de la prison militaire.

Individus transférés.

Art. 97. La gendarmerie est chargée, aux armées, de conduire les condamnés jusqu'au lieu où ils doivent subir leur peine, s'ils sont militaires, ou de les livrer aux autorités civiles de l'intérieur, s'ils n'appartiennent pas à l'armée.

Les transfèrements s'exécutent d'étape en étape jusqu'aux voies ferrées les plus prochaines ; ils sont soumis aux mêmes règles qu'à l'intérieur.

Ordre de conduite.

Art. 98. Chaque condamné militaire doit être accompagné d'un ordre de conduite individuel, d'un extrait de jugement, d'un état signalétique et d'un relevé de punitions ; chaque condamné civil, des deux premières pièces seulement.

L'officier prévôtal établit les ordres de conduite et fixe le nombre des gendarmes qui doivent exécuter le transfèrement. La copie certifiée de l'ordre de transfèrement est portée intégralement au dos de chaque ordre de conduite ; en marge, il est fait mention du détail des pièces qui suivent l'individu transféré, des valeurs lui appartenant et des effets dont il est détenteur.

Relèvement des gendarmes.

Art. 99. Les gendarmes sont relevés de gîte d'étape en gîte d'étape; ils sont pourvus d'une feuille de route individuelle, visée pour l'aller et le retour, et rejoignent immédiatement la fraction de l'armée à laquelle ils sont attachés.

Ils doivent toujours, avant de revenir, se présenter au commandant d'étape.

Remise des prisonniers.

Art. 100. Chaque jour, les individus transférés sont déposés, à leur arrivée, au gîte d'étape, dans la prison militaire d'étape, où ils reçoivent les vivres.

Les gendarmes se font donner reçu des individus transférés, des pièces, de l'argent et des valeurs sur le carnet de correspondance.

Rôle des commandants d'étape.

Art. 101. Les commandants d'étape ont tout pouvoir pour changer la route des individus transférés; ils groupent en convoi ceux qui, venus de lieux différents, peuvent être dirigés, par la même voie, sur leur destination définitive. Ils les expédient par les chemins de fer, aussitôt que ce mode de transport devient possible.

Crimes et délits commis par les prisonniers.

Art. 102. Si un prisonnier transféré commet un crime ou un délit, le chef de détachement, s'il est gradé, informe comme officier de police judiciaire militaire ; l'inculpé peut être remis à l'officier de police judiciaire militaire le plus voisin et traduit devant le conseil de guerre dans le ressort duquel l'infraction a été commise.

La marche des autres prisonniers n'est jamais retardée.

Il est rendu compte à l'autorité qui a ordonné le transfèrement.

Convois de prisonniers de guerre.

Art. 103. Des détachements de gendarmerie peuvent, exceptionnellement, être chargés, concurremment avec la troupe de ligne, d'escorter des convois de prisonniers ennemis, soit par voie de terre, soit par voie de fer.

Ils contribuent, dans ce cas, au maintien de l'ordre pendant la route et pendant le séjour dans les gîtes d'étape.

(V. l'art. 121 du décret du 28 mai 1895 sur le service des armées en campagne et les art. 24 et 25 du décret du 21 mars 1893 sur les prisonniers de guerre) (1).

Mesures de précaution.

Art. 104. L'escorte des prisonniers exige beaucoup de vigilance et de fermeté. Les officiers prisonniers sont séparés de leurs soldats.

L'officier ou le sous-officier chargé de conduire des prisonniers les place en colonne par deux ou par quatre, en faisant devancer, suivre et flanquer cette colonne, qui marche en ordre serré. Il défend toute conversation entre les hommes de l'escorte et les prisonniers, et il empêche ces derniers de communiquer avec les habitants.

Au départ, l'escorte charge ses armes en présence des prisonniers, qui sont prévenus que toute tentative de résistance sera réprimée avec la dernière sévérité. Plus l'escorte est faible, plus la répression doit être rigoureuse. En présence d'indices de résistance ou de complot, les meneurs sont mis à part et soumis à la plus stricte surveillance.

Il est, autant que possible, pourvu aux besoins des prisonniers, et on doit leur éviter toute insulte. Les malades, surtout, sont traités avec ménagement, mais toujours surveillés. Pour les repos ou pour l'emplacement du bivouac, on recherche des terrains découverts et éloignés des habitations, des bois, des grands blés, etc.

Si le convoi doit être cantonné, on choisit des localités contenant de grands bâtiments où les prisonniers puissent être gardés en sûreté. Des factionnaires sont placés à l'intérieur des bâtiments, qui sont toujours éclairés. Une porte seule reste ouverte et une garde y est établie. Le reste de l'escorte est réparti, très à proximité, dans les maisons voisines.

Si le convoi est attaqué, on oblige les prisonniers à se tenir couchés; une partie de l'escorte reste auprès d'eux et fait feu sur quiconque se relève avant d'en avoir reçu l'ordre; l'autre partie se porte à la rencontre de l'ennemi.

Dans le cas de transport en chemin de fer, l'escorte, divisée en

(1) Les prisonniers de guerre sont conduits, par les soins des corps qui les ont capturés, sur les points désignés à l'avance par le commandement et remis à la gendarmerie. En principe, les officiers et assimilés doivent être séparés des soldats. Lorsque les prisonniers sont devenus trop nombreux pour être suffisamment surveillés par les gendarmes, le commandant de la force publique provoque, auprès du chef d'état-major de la division, des ordres pour la constitution d'une garde. Les prisonniers faits par la cavalerie sont dirigés sur le quartier général du corps d'armée le plus voisin. (Art. 13 du règlement du 21 mars 1893 sur les prisonniers de guerre.)

Voir le *Règlement sur les prisonniers de guerre* en date du 21 mars 1893; brochure in-8° de 80 pages, 0 fr. 75. Henri Charles-Lavauzelle, éditeur.

trois parties, occupe le wagon de tête, le wagon du milieu et le wagon de queue.

Quand le train s'arrête, les hommes de l'escorte descendent et se tiennent à gauche et à droite de la voie pour empêcher toute tentative d'évasion.

(V. l'art. 121 du décret du 28 mai 1895 sur le service des armées en campagne et les articles 26 et suivants du décret du 21 mars 1893 sur les prisonniers de guerre) (1).

CHAPITRE XIII.

SERVICE DE MARCHE.

Ordres de mouvement.

Art. 105. Les ordres de mouvement sont communiqués par le général commandant le corps d'armée au prévôt; par les généraux commandant les divisions d'infanterie ou de cavalerie, les brigades opérant isolément, les brigades de cavalerie de corps d'armée aux commandants des forces publiques de ces divisions ou brigades.

(V. l'article 51 du décret du 28 mai 1895 sur le service des armées en campagne.)

Ordres normaux de marche.

Art. 106. Des dispositifs normaux de marche ont été arrêtés à l'avance par le règlement sur le service en campagne (art. 133) pour les diverses colonnes, suivant leur composition. Les ordres de marche qui émanent du commandement sont en général conformes, dans la pratique, à ces dispositifs normaux ; mais, toutes les fois qu'ils s'en écartent, ils indiquent avec soin les modifications apportées aux types adoptés.

Le commandement d'une des plus importantes fractions du matériel roulant de l'armée est confié, par le règlement, aux officiers de gendarmerie employés aux prévôtés et aux forces publiques. Il importe donc que les officiers prévôtaux aient, dès le temps de paix, des notions précises sur les dispositifs normaux de marche.

Eléments constitutifs des colonnes.

Art. 107. Les troupes, leurs trains de combat, les ambulances,

---

(1) Le commandant de la colonne divise, si l'effectif de la colonne le comporte, la troupe d'escorte en deux parties, chargées l'une de la garde immédiate des prisonniers, l'autre du service de sûreté. En tête et en queue de la colonne marchent des détachements dont la force est variable suivant les circonstances. La surveillance est assurée sur les flancs par le nombre d'hommes strictement indispensable. Les prisonniers sont prévenus que l'escorte a reçu l'ordre de tirer sur ceux qui tenteraient de fuir. (Art. 26 du règlement du 21 mars 1893 sur les prisonniers de guerre.)

Voir le *Règlement sur les prisonniers de guerre* en date du 21 mars 1893; brochure in-8° de 80 pages, 0 fr. 75. Henri Charles-Lavauzelle, éditeur.

les trains régimentaires, les convois constituent les éléments généraux des colonnes.

Les trains de combat sont formés par les approvisionnements en munitions et en matériel nécessaires sur le champ de bataille.

Les ambulances comprennent le personnel et le matériel du service de santé.

Les trains régimentaires transportent des vivres, des effets de remplacement et les bagages des diverses unités qui font partie de la colonne.

Les convois transportent un complément d'approvisionnement de première ligne, ils comprennent :

1° Les convois administratifs des subsistances et la réserve d'effets d'habillement ;
2° Le parc d'artillerie ;
3° Le dépôt de remonte mobile ;
4° Les hôpitaux de campagne et, éventuellement, les hôpitaux sédentaires de campagne.

Ordre de marche des éléments constitutifs des colonnes.

Art. 108. Les troupes marchent dans l'ordre commandé par l'urgence de leur arrivée sur le champ de bataille.

Les ambulances, comme les trains de combat, suivent les unités auxquelles elles sont affectées et marchent avec ces trains. Seule l'ambulance du quartier général de corps d'armée marche en tête du train régimentaire du quartier général.

Les troupes, leurs trains de combat (munitions et outils) et les ambulances constituent une première colonne.

Les trains régimentaires (bagages, vivres et habillement) constituent une deuxième colonne distincte, qui suit la première à des distances variables, suivant les circonstances.

Ils peuvent, s'il est nécessaire, marcher sur des routes différentes de celles suivies par les troupes. Dans ce cas, une escorte spéciale peut leur être affectée.

Les trains régimentaires prennent habituellement, dans leur groupe, le même ordre que celui occupé par les différentes unités auxquelles ils appartiennent.

Les convois administratifs constituent toujours des colonnes séparées. Suivant les circonstances, ils marchent à une demi-journée, une journée ou deux journées en arrière des trains régimentaires et des troupes.

Ils sont accompagnés d'une escorte particulière.

(V. art. 46 et suivants du décret du 28 mai 1895 sur le service des armées en campagne.)

CHAPITRE XIV.

MESURES DE POLICE ET DE SURVEILLANCE CONCERNANT LES TRAINS RÉGIMENTAIRES

Voitures particulières des généraux et fonctionnaires de l'armée.

Art. 109. Les généraux et les hauts fonctionnaires de l'armée peuvent être autorisés par le commandant en chef à avoir des voitures particulières. La place de ces voitures dans les colonnes de marche, quand leurs propriétaires ne s'en servent pas, est déterminée par les instructions du général en chef ou des généraux commandant les corps d'armée.

Marques obligatoires sur les voitures particulières et les fourgons.

Art. 110. Afin qu'il n'y ait, dans l'armée, que les voitures autorisées par les règlements, les voitures particulières des généraux et des fonctionnaires de l'armée, autorisés par le commandant en chef, doivent porter l'indication de leurs propriétaires.

Les fourgons des généraux, des chefs de service et des régiments sont marqués des numéros des corps d'armée, des divisions, des brigades, des régiments. et portent l'indication des services auxquels ils sont affectés.

La gendarmerie s'assure que les prescriptions ci-dessus sont strictement exécutées, et que les voitures des marchands, vivandiers et cantiniers sont pourvues de la plaque réglementaire.

Voitures des cantinières.

Art. 111. Les voitures des cantinières marchent avec les troupes lorsque le général les y autorise ; autrement, elles ont leur place dans les trains régimentaires.

Réunion et départ des trains.

Art. 112. Les ordres de mouvement, pour la réunion et le départ des trains régimentaires, sont donnés aux vaguemestres des corps d'armée et des divisions par les chefs d'état-major. Les officiers d'approvisionnement des corps de troupe qui ont, sous l'autorité des vaguemestres de gendarmerie, la direction du train de leur corps, reçoivent les mêmes communications de leurs colonels.

Les vaguemestres dans les quartiers généraux, et les officiers d'approvisionnement dans les corps, réunissent les voitures et les mettent en route assez à temps pour que la tête du train qu'ils dirigent se présente au point initial à l'heure prescrite par l'ordre de mouvement.

Les vaguemestres des divisions pour les trains régimentaires de division, et les prévôts de corps d'armée, pour les trains régimentaires de corps d'armée, se trouvent au point initial de marche et veillent à ce que les groupes composant les trains de division et de corps d'armée entrent dans la colonne à l'heure et dans l'ordre fixés.

Dispositions pour la marche.

Art. 113. Les voitures marchent généralement sur une file et sur le côté droit de la route. On adopte cet ordre de marche à cause de la largeur des routes, qui est en moyenne de $7^{m},50$.

La moitié de la route doit toujours être libre.

Il est essentiel que chaque voiture reste au rang qui lui est assigné, que la colonne s'allonge le moins possible, et que chaque voiture marche à sa distance.

La distance d'une voiture à l'autre est d'un mètre.

Police et surveillance des trains régimentaires.

Art. 114. Les officiers de gendarmerie qui remplissent les fonctions de vaguemestre sont chargés de maintenir l'ordre et la police dans les trains régimentaires qu'ils commandent. Les officiers d'approvisionnement des corps sont responsables vis-à-vis des officiers de gendarmerie commandant les trains régimentaires, de la tenue et de la conduite des conducteurs placés sous leurs ordres, ainsi que de la façon dont les voitures sont attelées et chargées. Ils passent, avant le départ, une revue de leurs attelages et du chargement de leurs voitures, qui ne doivent rien recevoir d'étranger à leur service.

Dans le cas où les voitures composant le train régimentaire s'élèvent à un chiffre très considérable, le vaguemestre peut, s'il le juge nécessaire, demander au chef d'état-major, par l'intermédiaire du prévôt du corps d'armée, que des cavaliers soient mis à sa disposition en nombre suffisant pour assurer le service du train. Les commandants de détachement et de division peuvent agir de même si le train de leur division devient trop considérable, ou si l'effectif des gendarmes diminue et rend le service trop pénible.

Chaque chef d'état-major remet au vaguemestre de son quartier général un état indiquant la composition du train régimentaire qu'il doit commander et diriger. Les vaguemestres (à l'égard des trains qu'ils commandent et dirigent) ainsi que les sous-officiers de gendarmerie qui leur sont adjoints, vérifient si l'on se conforme aux ordres donnés quant au nombre et à la nature des moyens de transport.

Ils arrêtent les voitures non autorisées, les font sortir de la route, leur interdisent de suivre la colonne, et préviennent les conducteurs qu'en cas de récidive les chevaux seront saisis. Si ce cas se présente, les chevaux sont remis au train des équipages sur reçu, et il est rendu compte au chef d'état-major.

Ils s'assurent si les individus qui suivent de près les trains régimentaires, dans l'intervalle plus ou moins considérable existant entre ces derniers et les convois administratifs, ont le droit de le faire et même de se trouver à l'armée.

Quand, par exception. des voitures de réquisition font partie des trains régimentaires, ils sont autorisés, ainsi que les brigadiers de gendarmerie et les gendarmes, à employer tous les moyens coercitifs envers les charretiers qui conduisent mal leurs voitures, maltraitent leurs chevaux ou s'arrêtent pour boire. Ceux qui résistent avec violence, qui se livrent au pillage ou qui, au moment d'une attaque, cherchent à s'enfuir, doivent être traduits devant un conseil de guerre.

Les commandants des trains régimentaires n'ont pas de place fixe ; tantôt ils marchent à la tête, afin de surveiller la vitesse de la marche ; tantôt, au contraire, ils s'arrêtent pour voir la colonne entière défiler devant eux et s'assurer que tout s'y passe avec ordre. Ils répartissent, pour la surveillance, leur personnel entre les différents groupes composant la colonne, en ayant soin de réserver un petit noyau de gendarmes pour marcher à environ 200 mètres de la dernière voiture, surveiller la route et l'entrée des chemins latéraux, et ramasser les traînards qui pourraient appartenir soit au personnel du train régimentaire, soit même à la colonne principale qui précède le train. Il est bon, si aucune raison ne s'y oppose, que les mêmes gendarmes soient toujours affectés au même groupe de voitures; leur action devenant ainsi plus efficace, l'ordre et la police ne peuvent qu'y gagner.

Autant que possible, un gendarme à cheval est attaché au train de chaque unité ; il surveille la file des voitures, s'assure que les distances sont observées et que les conducteurs se conforment à toutes les prescriptions ordonnées ; il est rendu responsable de leur exécution.

Les officiers de gendarmerie doivent avoir fait une étude approfondie du titre V du règlement sur le service des armées en campagne qui concerne le service des marches et, plus particulièrement, du chapitre I, relatif à l'exécution de la marche dans tous ses détails de vitesse, de haltes horaires, de grandes haltes, etc...

Arrivée à l'étape du train régimentaire.

Art. 115. A l'arrivée à l'étape, les équipages, fourgons et bagages des officiers, les vivres, etc., en un mot, le train régimentaire de chaque corps rejoint son régiment sous la conduite de son vaguemestre, qui doit faire déboîter ses équipages à propos.

Les voitures des différents services, postes, trésor, télégraphe, se rendent aux points qui leur sont fixés par le commandement.

Le train régimentaire se trouve ainsi disloqué et le commandement du commandant de la force publique cesse jusqu'à la nouvelle réunion.

Cas exceptionnels. — Escorte des trains régimentaires.

Art. 116. Les trains régimentaires, tout en formant une colonne distincte de la colonne principale, suivent habituellement la même route que celle-ci et à une distance qui varie entre un et deux kilomètres. Ils sont, dans ces conditions, suffisamment protégés contre les entreprises de l'ennemi par la colonne qui les couvre. Mais ils peuvent, s'il est nécessaire, marcher sur des routes différentes de celles suivies par les troupes. Dans ce cas, une escorte spéciale peut leur être affectée.

La gendarmerie n'est employée aux équipages que pour la police; elle ne l'est jamais comme escorte, à moins de nécessité absolue.

Lorsqu'une escorte particulière est donnée aux trains régimentaires pour leur défense, le commandant de cette escorte se conforme aux prescriptions du titre XII du règlement sur le service des armées en campagne, relatifs aux convois et à leur escorte.

L'officier qui commande une escorte particulière aux trains régimentaires a, à grade égal, le commandement sur le commandant et le personnel des trains, mais il ne peut étendre son autorité à l'administration, ni à la discipline intérieure des détachements qui composent ces trains.

CHAPITRE XV.

SERVICE DE LA GENDARMERIE DANS LES MARCHES.

Devoirs généraux de la gendarmerie dans les marches.

Art. 117. La gendarmerie n'a pas seulement, dans les marches, à assurer l'ordre et la police des colonnes formées par les trains régimentaires; un de ses devoirs les plus importants consiste à exercer une surveillance active sur les flancs et sur les derrières des colonnes principales constituées par les troupes.

Elle arrête les pillards et fait rejoindre les traînards. Elle doit, à cet effet, fouiller, avec soin, sur les flancs et en arrière des colonnes, les bouquets de bois, les haies, les fossés, les chemins creux, parcourir les rues latérales des villages, entrer, au besoin, dans les maisons, visiter les fermes isolées, afin de faire rejoindre tous les militaires qui s'écartent de la colonne, et d'arrêter tous ceux qui maraudent ou qui n'obéissent pas à l'injonction de rejoindre leur corps.

Les soldats arrêtés sont remis au détachement de gendarmerie chargé de la conduite des prisonniers. Les maraudeurs et les pillards pris en flagrant délit restent à la disposition de la gendarmerie, les traînards sont remis, à l'arrivée, à la garde de police de leur corps.

(V. les articles 57 et 127 du décret du 28 mai 1895 sur le service des armées en campagne et l'article 254 du décret du 1er mars 1854.)

La gendarmerie est aidée, dans ce rôle de surveillance, par le détachement de police que le commandant de la colonne forme pour faire rejoindre les traînards. Ce détachement (1), qui est commandé par un officier, est constitué par des éléments prélevés dans le dernier régiment de la colonne, auxquels sont adjoints, au besoin, des sous-officiers pris dans tous les régiments. Il précède l'arrière-garde de 400 mètres environ, en détachant, à droite et à gauche de la route, des patrouilles pour arrêter les maraudeurs et faire rejoindre les traînards.

C'est donc surtout dans l'espace de terrain compris entre le détachement de police et la tête du train régimentaire que cette action de la gendarmerie s'exerce le plus utilement ; car les flancs du train régimentaire sont déjà surveillés par les gendarmes qui y sont attachés spécialement.

Dans l'exécution de ce service de surveillance, la gendarmerie doit interroger les paysans, les voyageurs, afin d'obtenir, s'il est possible, des renseignements sur l'ennemi. Elle observera avec soin les individus qui stationnent sur le bord de la route pour voir défiler les colonnes, parce que, parmi les curieux, peuvent se glisser des espions qui viennent évaluer la force et les ressources de la troupe en marche. S'ils (2) connaissent la langue du pays, ils s'arrêteront, au besoin, soit pour causer avec les habitants, soit pour écouter les réflexions échangées entre eux.

En cas de retraite, la gendarmerie se place sur les flancs et entre les troupes et les trains régimentaires. Son premier devoir est de faire dégager rapidement les routes et d'arrêter les mouvements précipités qui peuvent dégénérer en panique.

CHAPITRE XVI.

PRESCRIPTIONS DIVERSES.

Journaux de marche.

Art. 118. Le grand prévôt, les prévôts de corps d'armée, les

---

(1) Un détachement de police marchant à la suite de chaque corps est chargé de faire rejoindre les traînards. Le détachement de police qui marche le dernier dans la colonne est renforcé par des gendarmes ; il visite les localités traversées, arrête les maraudeurs et les traînards. A l'arrivée, il remet à la gendarmerie les maraudeurs pris en flagrant délit et dirige les autres hommes sur leurs corps. (Art. 57 du décret du 28 mai 1895 sur le service des armées en campagne.)

(2) Lisez : « Si les gendarmes connaissent la langue du pays... »

commandants des forces publiques attachés aux commandements d'étape d'une armée ou aux divisions de cavalerie indépendante doivent tenir un journal des marches et opérations du modèle prescrit par la circulaire du 5 décembre 1874.

Ce journal ne renferme que deux colonnes sur chaque page : l'une destinée à l'inscription des dates, l'autre à la relation succincte des faits. Il doit mentionner tous les événements à mesure qu'ils se produisent. Aucun des incidents importants qui se présentent, soit en marche, soit en station, pendant les manœuvres et le combat, ne doit être passé sous silence.

On consigne au journal, jour par jour, sans intervalles ni grattages, le résumé des ordres reçus et donnés, tous les détails relatifs aux marches, aux cantonnements ou bivouacs, ainsi qu'aux combats auxquels la prévôté a assisté, les pertes subies en tués, blessés ou disparus (en se conformant, pour le relevé des pertes, au modèle A joint à l'instruction du 5 décembre 1874), les actes personnels méritants, les actions d'éclat, les récompenses obtenues (promotions, décorations et citations à l'ordre de l'armée).

On y indique, au début, la composition de la prévôté et la date de l'arrivée au point de concentration.

Le journal de marche doit être rédigé avec la plus scrupuleuse exactitude et exposer fidèlement les faits. On y joint un dossier de pièces justificatives (rapports journaliers, copie des ordres généraux et particuliers, copie des rapports spéciaux, etc.).

Le journal, tenu par le prévôt d'un corps d'armée, concerne toutes les prévôtés et forces publiques comprises dans ce corps.

A la clôture des opérations, un extrait du journal de marche est adressé aux légions qui ont concouru à la formation de la prévôté. Chaque extrait ne relate que les faits concernant la légion à laquelle il est envoyé; il sert à compléter l'historique tenu dans chaque compagnie.

Des feuilles de service.

Art. 119. Toutes les fois que les circonstances le permettent, le service habituel de la gendarmerie est relaté sur une feuille de service (modèle n° 14).

Il y est fait mention de tous les services exécutés pendant les vingt-quatre heures.

Il peut aussi y être donné récépissé, par le brigadier gardien-chef, des détenus écroués et des valeurs en numéraire ou autres qui leur appartiennent.

Des procès-verbaux.

Art. 120. Les procès-verbaux sont établis en une seule expédition et envoyés, dans les vingt-quatre heures, à l'autorité compétente.

L'analyse des procès-verbaux est portée sur le registre de correspondance en même temps que l'envoi y est mentionné.

Les procès-verbaux sont établis sur papier libre ; ils ne sont pas enregistrés, mais les rédacteurs en inscrivent un résumé sommaire sur leur carnet-calepin.

Les gendarmes peuvent être entendus à l'appui de leurs procès-verbaux.

Carnet-calepin des chefs de brigade et des gendarmes.

Art. 121. Les chefs de brigade et les gendarmes doivent être pourvus d'un carnet-calepin, modèle n° 15, sur lequel ils portent les renseignements essentiels pour leur service.

Les noms et signalements des employés civils autorisés à suivre l'armée ;

Les noms, signalements et numéros de patente des marchands, vivandiers et cantiniers ;

Les signalements des déserteurs ;

Les noms et signalements des individus sous le coup de mandats de justice ;

Les noms et signalements des individus signalés comme espions ;

Les ordres importants du commandement ;

Les ordres et instructions de leurs chefs prévôtaux ;

Le sommaire des procès-verbaux dressés avec l'indication de l'autorité à laquelle ils ont été envoyés.

Tués, blessés, prisonniers de guerre ou disparus.

Art. 122. Après chaque affaire, le grand prévôt, les prévôts de corps d'armée (1) et les commandants des forces publiques adressent au Ministre de la guerre, par la voie hiérarchique, des états nominatifs concernant les militaires de la prévôté tués ou blessés, tombés au pouvoir de l'ennemi ou disparus.

Les indications qui doivent figurer dans ces états sont :

Pour les militaires tués ou blessés :

Numéros matricules, noms et prénoms, indications fournies par la plaque d'identité, lieu, date, renseignements particuliers (préciser, autant que possible, les blessures et leur degré de gravité).

Pour les militaires tombés au pouvoir de l'ennemi :

Numéros matricules, noms et prénoms, grades, lieu et date de la capture, blessures et circonstances particulières, derniers renseignements connus, observations.

---

(1) Les prévôts de corps d'armée opèrent pour toute la gendarmerie de leur corps d'armée.

Pour les militaires disparus :

Numéros matricules, noms et prénoms, grades, date et lieu de naissance, date de la disparition, circonstances connues, indications concernant l'établissement et l'envoi des actes de disparition, observations.

On envoie ultérieurement, s'il y a lieu, des états rectificatifs et complémentaires mentionnant :

Les numéros matricules, les noms et prénoms, le grade et les nouveaux renseignements.

Tous les militaires disparus doivent être l'objet d'un acte de disparition conforme au modèle prescrit par la décision du 12 juin 1857, laquelle est jointe à l'instruction ministérielle du 23 juillet 1894 sur les actes de l'état civil mise entre les mains des officiers prévôtaux.

Actes de l'état civil.

Art. 123. Le grand prévôt, les prévôts de corps d'armée, les commandants des forces publiques attachées aux divisions d'infanterie ou de cavalerie, aux brigades opérant isolément, aux commandements d'étapes d'une armée, tiennent un registre des actes de l'état civil coté et paraphé par eux.

Ils se conforment pour la rédaction des actes aux prescriptions contenues dans l'instruction du 23 juillet 1894 (1).

A la fin de la campagne, les registres de l'état civil sont envoyés au Ministre. Des extraits lui sont adressés tous les mois.

Pour les décès et pour les naissances, un extrait de l'acte dressé est envoyé, dans les dix jours qui suivent l'inscription, à l'officier de l'état civil du dernier domicile.

Pour les actes de mariage, une expédition est adressée immédiatement à l'officier de l'état civil du dernier domicile de chacun des époux.

Constitution des archives des diverses prévôtés ou forces publiques.

Art. 124. Les documents, registres et imprimés nécessaires au fonctionnement régulier des diverses prévôtés ou forces publiques se divisent en deux catégories :

1° Ceux dont le nombre est indépendant des variations d'effectif que peuvent subir les diverses unités prévôtales ;

2° Ceux dont le nombre est basé sur l'effectif variable de ces unités. Les documents, registres et imprimés nécessaires à l'exé-

---

(1) Voir l'instruction du 23 juillet 1894 portant modification des dispositions du Code civil relatives à certains actes de l'état civil et aux testaments faits soit aux armées, soit au cours d'un voyage maritime. — Volume in-8° de 238 pages. Henri Charles-Lavauzelle, éditeur; prix : 3 fr.

cution du service judiciaire seront indiqués dans un tableau spécial au chapitre V du titre II.

Approvisionnements de registres, d'imprimés et de documents destinés aux prévôtés.

Art. 125. La compagnie du chef-lieu du corps d'armée régional est chargée de faire, dès le temps de paix, suivant les indications du tableau qui précède, l'achat des registres, imprimés et documents nécessaires aux diverses prévôtés et forces publiques, y compris, s'il y a lieu, celles du grand quartier général des armées et du quartier général d'armée se mobilisant dans la région.

La dépense imputée provisoirement aux fonds divers, en ce qui concerne les registres et imprimés, est ensuite remboursée par les parties prenantes, auxquelles les registres et imprimés sont destinés, sur les frais de bureau qui leur sont alloués (1).

Quant à l'achat des documents et des plaques, il est supporté, sous forme de quote-part, par les masses d'entretien et de remonte des compagnies de la région qui remboursent l'avance faite par la compagnie du chef-lieu.

Les registres, imprimés et documents sont, pour chaque unité prévôtale, renfermés dans la caisse à archives et remis, dès le temps de paix, au commandant de la gendarmerie du point de concentration avec un inventaire détaillé, décompté pour les registres et imprimés, et arrêté par le conseil d'administration qui en conserve une expédition dans ses archives.

(1) Les états et registres portant les nos 3, 3 *bis*, 4, 4 *bis* et 6 du règlement du 21 mars 1893, sur les prisonniers de guerre, seront également achetés, dès le temps de paix, par imputation provisoire aux fonds divers, par la compagnie de gendarmerie du chef-lieu de chaque corps d'armée régional. (Note minist. du 28 octobre 1893.)

Tableau des documents, registres et imprimés des deux catégories.

REGISTRES, IMPRIMÉS, DOCUMENTS.	Prévôté d'un grand quartier général des armées.	Prévôté d'un quartier général d'armée.	Force publique des commandements d'étapes d'une armée.	Prévôté du quartier général d'un corps d'armée.	Vaguemestre du quartier général d'un corps d'armée.	Force publique d'une division d'infanterie.	Force publique d'une division de cavalerie indépendante.	Force publique d'une brigade de cavalerie de corps d'armée.	Force publique d'une brigade opérant isolément.	OBSERVATIONS.
				1re Catégorie.						
REGISTRES.										
Registre d'ordres	1	1	1	1	1	1	1	1	1	
Registre de correspondances et rapports	1	1	1	1	1	1	1	1	1	
Registre n° 4 des employés civils autorisés à suivre l'armée	1	1	»	1	»	1	1	1	1	Un chapitre est ouvert à la gauche du registre pour l'enregistrement des dépêches reçues.
Registre n° 5 des marchands, vivandiers, cantiniers.	1	1	»	1	»	1	1	1	1	
Registre n° 6 à souches des patentes	1	1	»	1	»	1	1	1	1	
Registre n° 10 d'écrou des militaires	»	1	»	1	»	1	1	1	1	
Registre n° 11 d'écrou des civils	»	1	»	1	»	1	1	1	1	
Registre n° 12 des comptes courants des détenus	»	1	»	1	»	1	1	1	1	
Carnet de correspondance (modèle de la gendarmerie départementale)	»	1	1	1	»	1	1	1	1	
Registre des déserteurs (modèle de la gendarmerie départementale)	1	1	1	1	»	1	1	1	1	
Registre n° 9 des signalements des chevaux d'inconnus ou de déserteurs	»	1	1	1	»	1	1	1	1	
Carnet médical n° 3	1	1	1	1	»	1	1	1	1	
Journal des marches	1	1	1	1	»	»	1	»	1	
Registre de l'état civil	1	1	1	1	»	1	1	»	1	
Carnet d'ordres de réquisition	1	1	1	1	»	1	1	1	1	Avec le carnet de reçus.
Journal de service	»	»	»	»	»	»	»	»	»	Un par détachement et par mois.
Extrait du règlement du 21 mars 1893 sur les prisonniers de guerre (1) : modèle n° 3 (2)	»	»	»	1	»	»	»	»	»	
— modèle n° 3 *bis*	»	»	»	400	»	»	»	»	»	
— modèle n° 4 (2)	»	»	»	1	»	»	»	»	»	
— modèle n° 4 *bis*	»	»	»	100	»	»	»	»	»	
— modèle n° 6	»	»	»	100	»	»	»	»	»	
IMPRIMÉS.										
Situation-rapport modèle n° 2	190	190	190	190	190	190	190	190	190	Approvisionnement de 3 mois.
Situation sommaire numérique de la prison modèle n° 13	»	100	»	100	»	100	100	»	100	Idem.
Ordres de conduite	»	100	100	100	»	100	50	»	25	
Plaques modèle n° 7 de marchands, vivandiers, etc.	25	50	»	50	»	50	25	20	25	Contenues dans une boîte.
Plaques de voiture de marchands, vivandiers, etc.	25	50	»	50	»	50	25	20	25	Idem.
DOCUMENTS.										
Décret du 1er mars 1854	1	1	1	1	1	1	1	1	1	
Règlement sur le service intérieur	1	1	1	1	1	1	1	1	1	
Règlement sur le service des armées en campagne	1	1	1	1	1	1	1	1	1	
Règlement sur le service des places (3)	1	1	1	1	1	1	1	1	1	
Instruction du 23 juillet 1894 sur les actes de l'état civil.	1	1	1	1	»	1	1	»	1	
Loi, décrets, instruction sur les réquisitions	1	1	1	1	1	1	1	1	1	
La présente instruction	1	1	1	1	1	1	1	1	1	
Règlement du 21 mars 1893 sur les prisonniers de guerre	1	1	1	1	1	1	1	1	1	
				2e Catégorie.						
Carnet-calepin modèle n° 15	(a)	(a)	(a)	(a)	(a)	(a)	(a)	(a)	(a)	(a) Un par homme.
Imprimés du titre des sauvegardes	(b)	(b)	(b)	(b)	(b)	(b)	(b)	(b)	(b)	(b) Un exemplaire par homme avec une majoration de cinq exemplaires par unité prévôtale.
Timbre de l'officier prévôtal avec sa boîte à tampon.	1	1	1	1	1	1	1	1	1	

(1) Note ministérielle du 28 octobre 1893.
(2) Les modèles nos 3 et 4, sur carton, devant servir à former un registre à barrettes.
(3) Règlement du 4 octobre 1891 portant règlement sur le service des places. (Note ministérielle du 10 mars 1894.)

MODÈLE N° 1.

Art. 11 de l'instruction sur le service prévôtal.

Feuille du personnel des officiers en campagne.

Corps ou service..

Nom, prénoms et grade...

	POSITIONS DIVERSES.	CAMPAGNES.
Date et lieu de naissance......... Marié le......................... Entré au service .... Ecole. { .... / .... } n° de sortie.		
	CITATIONS.	**DÉCORATIONS.**
Sous-lieutenant................. Lieutenant....................... Capitaine .... Commandant..................... Lieutenant-colonel..............		

	APPRÉCIATION D'ENSEMBLE.
Conduite....................	
Education....................	
Physique	
Caractère....................	
Intelligence	
Capacité....................	
Instruction générale..........	
Instruction militaire	
Equitation....................	
Aptitudes spéciales.............	
Manière de servir..............	

• CORPS D'ARMÉE.

• DIVISION D'INFANTERIE.

FORCE PUBLIQUE.

MODÈLE N° 2.

Art. 24 et 25 de l'instruction sur le service prévôtal.

Justification : 313 sur 206.

Rapport journalier du 18 .

CORPS.	EMPLACEMENTS.	PRÉSENTS SOUS LES ARMES.								
		DISPONIBLES pour le service.			INDISPONIBLES.			TOTAL.		
		Officiers.	Troupe.	Chevaux.	Officiers.	Troupe.	Chevaux.	Officiers.	Troupe.	Chevaux.
	TOTAUX......									

REÇUS..................

ENVOIS ....

DEMANDES ....

INDISPONIBLES.............

PUNITIONS...............

MUTATIONS..............

Evénements............

Arrestations...........

Effectif des détenus a la prison................

Crimes, délits et contraventions.................

Maraude..............

Analyse des ordres reçus directement du prévôt..

Exécution des ordres donnés par le général commandant la division.......

Objets divers...........

Adresse de la prévôté....

Logement du commandant de la force publique.......

A le 18 .

Le

Modèle n° 3.

Art. 31 de l'instruction sur le service prévôtal.

Justification : 313 sur 206.

e ARMÉE. — e CORPS.

(1)

CARNET MÉDICAL.

Le présent registre, contenant feuillets. a été coté et paraphé par nous, (2)

A , le 18 .

12 feuillets.

(1) Indication de la prévôté ou de la force publique.
(2) Grand prévôt, prévôt ou commandant de la force publique de.....

NOM	GRADE.	COMPAGNIE.	NATURE de L'AFFECTION.	DATE de l'interruption du service.	DESTINATION donnée à l'homme.	DATE du retour au corps.	OBSERVATIONS.

Modèle n° 4.

Art. 33 de l'instruction sur le service prévôtal.

Justification : 313 sur 206.

e ARMÉE. — e CORPS.

(1)

REGISTRE NOMINATIF

DES SECRÉTAIRES, INTERPRÈTES, EMPLOYÉS CIVILS AUTORISÉS
A SUIVRE L'ARMÉE.

Le présent registre, contenant feuillets, a été coté et paraphé par nous (2)

A , le 18 .

12 feuillets.

(1) Indication de la prévôté ou de la force publique.
(2) Grand prévôt, prévôt ou commandant de la force publique de...

NUMÉROS D'ORDRE.	NOM ET PRÉNOMS. AGE, LIEU DE NAISSANCE, et signalement des inscrits.	QUALITÉ en laquelle ils sont employés.	DÉSIGNATION DES OFFICIERS OU FONCTIONNAIRES près desquels ils sont employés (Nom, grade, emploi).	OBSERVATIONS.

MODÈLE N° 5.

Art. 34 de l'instruction sur le service prévôtal.

Justification : 313 sur 206.

e ARMÉE. — e CORPS.

(1)

REGISTRE NOMINATIF

DES MARCHANDS, VIVANDIERS, CANTINIERS,

auxquels il a été délivré des patentes.

Le présent registre contenant feuillets, a été coté et paraphé par nous (2),

A , le 18 .

12 feuillets.

(1) Indiquer la force publique ou la prévôté.
(2) Grand prévôt, prévôt ou commandant de la force publique de

NUMÉRO D'ORDRE d'inscription.	NOMS, PRÉNOMS, AGE LIEU DE NAISSANCE, profession, domicile, et signalement des patentés.	INDUSTRIE qu'ils sont autorisés à exercer.	FRACTION DE L'ARMÉE pour laquelle la patente est valable.	NUMÉRO DE LA PATENTE.	OBSERVATIONS.

MODÈLE N° 6.

Art. 35 de l'instruction sur le service prévôtal.

Justification : 313 sur 206.

e ARMÉE. — e CORPS.

(1)

REGISTRE DES PATENTES.

Commencé le ; fini le

Le présent registre, contenant feuillets à souche pour un même nombre de patentes, a été coté par nous (2)

A , le 18 .

32 feuillets.

(1) Indiquer la prévôté ou la force publique.
(2) Grand prévôt, prévôt ou commandant de la force publique de..

PATENTE N°

e ARMÉE. — e CORPS.

(1)

AUTORISATION

est accordée au sieur (2)

de vendre (3)

comme attaché (4)

A , le

Le (5)

(6)

SIGNALEMENT DU TITULAIRE.

Age,	Taille approximative,
Cheveux,	Front,
Sourcils,	Yeux,
Nez,	Bouche,
Barbe,	Menton,
Visage,	Teint,

Marques particulières,

SIGNATURE DU TITULAIRE.

Vu : le (7)

Vu : le (8)

PATENTES

PATENTE N°

e ARMÉE. — e CORPS.

(1)

AUTORISATION

est accordée au sieur (2)

de vendre (3)

comme attaché (4)

A , le

Le (5)

(6)

SIGNALEMENT DU TITULAIRE.

Age,	Taille approximative,
Cheveux,	Front,
Sourcils,	Yeux,
Nez,	Bouche,
Barbe,	Menton,
Visage,	Teint,

Marques particulières,

SIGNATURE DU TITULAIRE.

Vu : le (7)

Vu : le (8)

(1) Indication de la prévôté ou de la force publique.
(2) Nom, prénoms, profession, domicile.
(3) Indiquer les liquides, comestibles ou autres objets.
(4) Indiquer la fraction de l'armée ou du corps d'armée pour laquelle la patente est valable.
(5) Grade et emploi.
(6) Signature et cachet.
(7) Signature et cachet du grand prévôt ou du prévôt.
(8) Signature et cachet du chef d'état-major.

AVIS AUX MARCHANDS.

Les patentes doivent être l'objet d'un examen sévère de la part de la gendarmerie; elle se les fait présenter fréquemment, et s'assure de l'identité des individus qui en sont détenteurs. Elles sont visées chaque mois par le commandant de la force publique.

Indépendamment de leurs patentes, les marchands autorisés et les vivandiers reçoivent une plaque portant l'exergue : MARCHAND OU VIVANDIER, et le numéro de leur patente

Ils sont tenus de porter cette plaque d'une manière ostensible, et d'en avoir à leur voiture une autre portant leur nom, le numéro de leur patente et l'indication de la fraction qu'ils sont autorisés à suivre.

Les papiers servant à établir l'identité des vivandiers, etc. (certificats de bonne vie et mœurs, passeport, extrait du casier judiciaire), et qui sont en leur possession, sont visés par les officiers prévôtaux, et doivent être présentés à toute réquisition.

Les chefs d'état-major exigent que les comestibles et les liquides dont les marchands et les vivandiers doivent être pourvus soient de bonne qualité et en quantité suffisante.

La gendarmerie s'assure que ces prescriptions sont exécutées. Elle fait souvent des perquisitions dans les voitures des marchands et des vivandiers, et empêche qu'elles ne servent à transporter d'autres objets que ceux qu'elles doivent contenir.

En cas d'infraction à ces dispositions, le grand prévôt prive pour un certain temps les délinquants de leur patente, et peut, en cas de récidive, les renvoyer de l'armée. La gendarmerie confisque, conformément aux lois, les poids et mesures qui ne sont pas étalonnés.

Les vivandiers, vivandières, cantiniers, cantinières, blanchisseuses, marchands et autres individus à la suite de l'armée en vertu d'une permission, sont justiciables des tribunaux militaires pour tous crimes, délits et contraventions. (Art, 61, 62 et 75 du Code de justice militaire)

SIGNATURE.

Vu à , le 18 .
Le Capitaine commandant la force publique,

Vu à , le 18 .
Le Capitaine commandant la force publique,

Vu à , le 18 .
Le Capitaine commandant la force publique,

Vu à , le 18 .
Le Capitaine commandant la force publique,

Vu à , le 18 .
Le Capitaine commandant la force publique,

Vu à , le 18 .
Le Capitaine commandant la force publique,

Vu à , le 18 .
Le Capitaine commandant la force publique.

Modèle n° 7.

Art. 37 de l'instruction sur le service prévôtal.

PLAQUE PERSONNELLE.

Grandeur naturelle.

Nota. — Les inscriptions sont faites, au moment de la distribution, au moyen du jeu de marques attribué au greffier du prévôt du corps d'armée par la note ministérielle du 25 avril 1888.

Dans le cas où l'envoi des plaques au greffier ne serait pas possible, le marquage aurait lieu sur place, par tous les moyens dont on pourrait disposer (graveurs, charrons, maréchaux, etc.).

Modèle n° 8.

Art. 37 de l'instruction sur le service prévôtal.

PLAQUE DE VOITURE.

Grandeur naturelle.

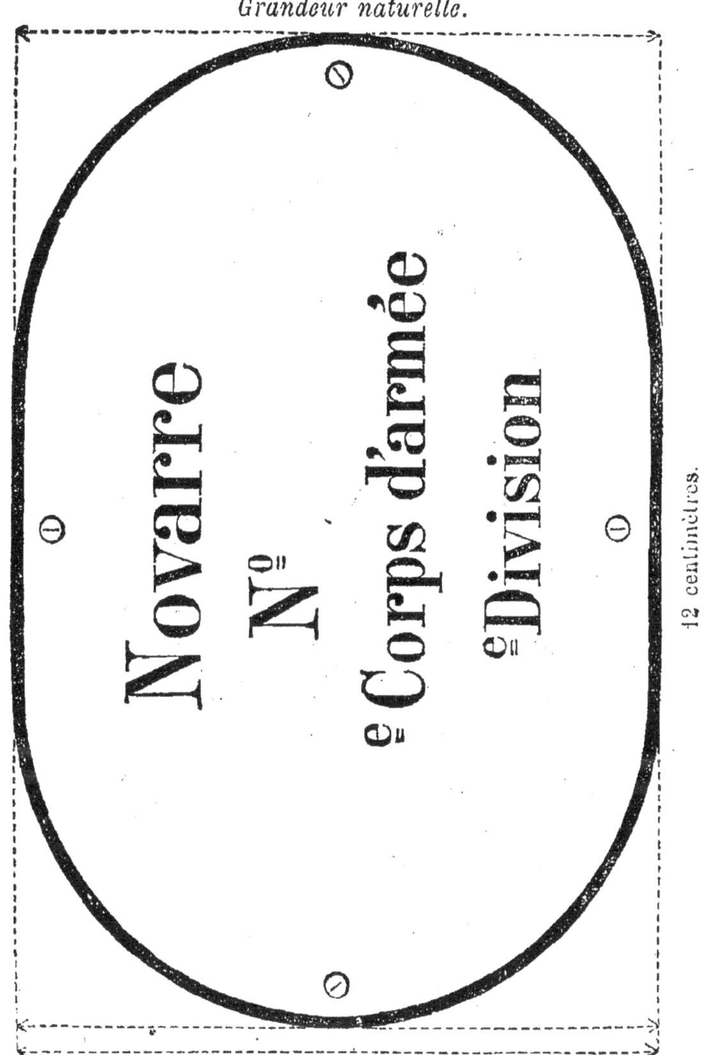

8 centimètres.

Nota. — Les inscriptions sont faites, au moment de la distribution, au moyen du jeu de marques attribué au greffier du prévôt de corps d'armée par la note ministérielle du 25 avril 1888.

Dans le cas où l'envoi des plaques au greffier ne serait pas possible, le marquage aurait lieu sur place, par tous les moyens dont on pourrait disposer (graveurs, charrons, maréchaux, etc.).

Modèle n° 9.

Art. 59 de l'instruction sur le service prévôtal.

Justification : 313 sur 206.

e ARMÉE. — e CORPS

(1)

REGISTRE DES SIGNALEMENTS

DES CHEVAUX VOLÉS OU ABANDONNÉS.

Commencé le , *Fini le*

Le présent registre, contenant feuillets, a été coté et paraphé par nous, (2)

A le 18 .

12 feuillets.

(1) Indiquer la prévôté ou la force publique.
(2) Grand prévôt, prévôt ou commandant de la force publique de...

DATE à laquelle le cheval a été volé ou trouvé abandonné	SIGNALEMENT de L'ANIMAL.	MARQUES AUX SABOTS ou signes particuliers.	INDICATION DU LIEU où le cheval a été volé ou trouvé abandonné.	DESTINATION DONNÉE aux chevaux trouvés.	OBSERVATIONS.

DATE à laquelle le cheval a été volé ou trouvé abandonné.	SIGNALEMENT de L'ANIMAL.	MARQUES AUX SABOTS ou signes particuliers.	INDICATION DU LIEU où le cheval a été volé ou trouvé abandonné.	DESTINATION DONNÉE aux chevaux trouvés.	OBSERVATIONS.

Modèle n° 10.

Art. 82 de l'instruction sur le service prévôtal.

Justification : 313 sur 206.

° CORPS D'ARMÉE.

° DIVISION D'INFANTERIE.

REGISTRE D'ECROU

DES MILITAIRES.

Le présent registre, contenant feuillets, a été coté et paraphé par nous, Commandant du quartier général.

A , le 18 .

Commencé le 18 .
Finit le 18 .

24 feuillets.

… détenu est porté.	NOM, PRÉNOMS, AGE, DATE et lieu de naissance du détenu.	GRADE.	DÉSIGNATION DU CORPS AUQUEL APPARTIENT LE DÉTENU Signalement et condamnations antérieures.	MOTIFS de l'emprisonnement.	AUTORITÉ qui a signé l'ordre d'écrou.	DATE ET HEURE de l'entrée en prison.	SIGNATURE du GENDARME ou autre qui a écroué le détenu.	DATE et HEURE de la sortie.	Nombre de jours de détention.	SIGNATURE du GENDARME ou autre qui a levé l'écrou du détenu.	PUNITIONS. — CONDUITE.	OBSERVATIONS. — Indiquer ici la condamnation encourue, le motif de la sortie, la destination donnée.
1	2	3	4	5	6	7	8	9	10	11	12	13
1	**SINGERY** (Jean-Baptiste-Léon.) Agé de 24 ans, né le 10 septembre 1860 à Stenay (Meuse).	Soldat.	*128e de ligne, 3e bataillon, 2e compagnie.* Taille 1m,69, cheveux et sourcils noirs, front haut, yeux gris, nez et bouche moyens, menton rond, visage ovale, teint coloré. Condamné le 1er septembre 1875 à 2 mois de prison pour vol.	Assassinat.	*Le chef d'état-major.*	13 octobre 1884, 3 heures du soir.	BERNARD.	17 octobre 1884, 7 heures du matin.	4	LOISEAU.	4 jours de cellule avec fers. — Conduite mauvaise.	Condamné à 20 ans de travaux forcés. Transféré à la prison militaire de Nancy.
2	**COLSON** (Louis-Emile.) Agé de 25 ans, né le 8 mars 1859 à Saint-Quentin (Aisne).	Caporal.	*6e régiment de ligne, 3e bataillon, 2e compagnie.* Taille 1m,59, cheveux et sourcils blonds, front découvert, yeux gris, nez et bouche moyens, menton rond, visage ovale, teint coloré. Jamais condamné.	Voies de fait envers son supérieur.	*Le capitaine commandant la force publique.*	14 octobre 1884, 7 heures du matin.	SAGELLE.					

Modèle N° 11.

Art. 82 de l'instruction sur le service prévôtal.

Justification : 313 sur 206.

e CORPS D'ARMÉE.

e DIVISION D'INFANTERIE.

REGISTRE D'ÉCROU

DES PRISONNIERS CIVILS

Le présent registre, contenant feuillets, a été coté et paraphé par nous, Commandant du quartier général.

A , le 18 .

Commencé le 18

Fini le 18

24 feuillets.

Numéro sous lequel le détenu est porté.	NOM prénoms, âge, date et lieu de naissance du détenu.	PROFESSION et domicile.	SIGNALEMENT condamnations antérieures.	MOTIFS de l'emprisonnement.	AUTORITÉ qui a signé l'ordre d'écrou.	DATE et heure de l'entrée en prison.	SIGNATURE du gendarme ou autre qui a écroué le détenu.	DATE et heure de la sortie.	Nombre de jours de détention.	SIGNATURE du gendarme ou autre qui a levé l'écrou du détenu.	PUNITIONS conduite.	OBSERVATIO[NS] — Indiquer la [...] du jugement condamnat[...] encourue, le [...]tif de la sorti[...] la destina[...] donnée.
1	2	3	4	5	6	7	8	9	10	11	12	13
1	**MAHEN** (Léopold-Alfred), Agé de 23 ans, né le 23 janvier 1861, à Fresnon-le-Grand (Aisne).	Sans profession ni domicile.	Taille 1m,67, cheveux, sourcils et barbe blonds, front couvert, yeux bleus, nez gros, bouche grande, menton pointu, visage ovale, teint coloré. Jamais condamné.	Vagabondage.	*Le capitaine commandant la force publique.*	13 octobre 1884, 8 heures du matin.	ANTOINE.					

Modèle n° 12.

Art. 83 de l'instruction sur le service prévôtal.

Justification : 313 sur 206.

° CORPS D'ARMÉE.

° DIVISION D'INFANTERIE.

PRISON DU QUARTIER GÉNÉRAL.

REGISTRE
DES COMPTES COURANTS DES DÉTENUS.

Le présent registre contenant feuillets, celui-ci compris, a été coté et paraphé par nous, Commandant du quartier général, pour servir à l'inscription des recettes et dépenses faites pour le compte des détenus de la prison militaire.

A , le 18 .

Le Commandant du quartier général,

13 feuillets.

N° du registre d'écrou N° du présent registre

(1)

DATES des recettes et des dépenses.	OBJET DES RECETTES ET DES DÉPENSES.	MONTANT DES		ÉMARGEMENT.
		Recettes.	Dépenses.	

(1) Nom et prénoms.

N° du registre d'écrou N° du présent registre.

(1)

DATES des recettes et des dépenses.	OBJET DES RECETTES ET DES DÉPENSES.	MONTANT DES		ÉMARGEMENT.
		Recettes.	Dépenses.	

(1) Nom et prénoms.

Modèle n° 13.

Art. 94 de l'instruction sur le service prévôtal.

Justification : 313 sur 206.

• CORPS D'ARMÉE.

• DIVISION D'INFANTERIE.

PRISON DU QUARTIER GÉNÉRAL.

SITUATION journalière au commandant du quartier général

Journée du 18 .

CATÉGORIES.	SITUATION de la VEILLE.		ENTRÉES et changements de catégorie.		TOTAL.		SORTIES et changements de catégorie.		RESTE.		OBSERVATIONS.
	Hommes.	Femmes.	Hommes.	Femmes.	Hommes.	Femmes.	Hommes.	Femmes.	Hommes.	Femmes.	
1	2	3	4	5	6	7	8	9	10	11	12
Condamnés à mort......	1	»	1	»	2	»	1	»	1	»	Le nommé Lyon (Louis), condamné à mort, a été exécuté.
— aux travaux forcés	1	»	»	»	1	»	»	»	1	»	
— à la réclusion.....	2	»	»	»	2	»	»	»	2	»	
— aux travaux publics..........	1	»	1	»	2	»	»	»	2	»	Le nommé X***, traduit devant le conseil de guerre, a été condamné à mort.
— à la détention.....	1	»	»	»	1	»	»	»	1	»	
— à l'emprisonnement..........	2	2	1	»	3	2	2	»	1	2	
Traduit devant le conseil de guerre............	1	»	1	»	2	»	2	»	»	»	Le nommé A***, traduit devant le conseil de guerre, a été condamné à cinq ans de travaux publics.
Écroué par ordre du chef d'état-major..........	1	»	4	»	5	»	1	»	4	»	
Écroué par la gendarmerie................	1	»	»	»	1	»	»	»	1	»	
A la disposition de la gendarmerie..........	2	»	»	»	2	»	»	»	2	»	
Totaux..........	13	2	8	»	21	2	6	»	15	2	

ETAT nominatif des entrants et des sortants dans la journée du   18 .

NUMÉROS D'ÉCROU (A). 1	NOMS ET PRÉNOMS 2	GRADE et PROFESSION 3	MOTIFS de l'entrée. 4	MOTIFS de la sortie. 5	ARGENT, BIJOUX ou autres objets: Déposés à l'entrée. 6	Dépenses faites pendant le séjour. 7	Remis à la sortie. 8	ÉTAT SANITAIRE. 9	OBSERVATIONS. 10
M 10	LEROY (Félix-Louis)	Sergent fourrier au 13e de ligne.	Vol.	Peine expirée.	10f	3f	7f	»	
C 2	LEBEAU (Albert)...	Marchand.	Id.	Id.	17	5	12	»	
M 18	MANON (Léon).....	Caporal au 6e de ligne.	Id.	Id.	3	3	»	»	
M 38	NOVIER (Clément)..	Soldat au id.	Viol.		»	»	»	Bon	
M 39	RIOTTE (Ernest)...	Id.	Assassinat.		3	»	»	Id.	
M 20	LYONÉ (Nicolas)...	Id.	Id.		9	»	»	Id.	
M 21	YVER (Jules).......	Soldat au 41e de ligne.	Déserteur.		15	»	»	Id.	
C 8	PAULIN (Florentin).	Cantinier.	Condamné à 2 jours de prison.		»	»	»	Id.	
C 9	ROCHE (Alfred)....	Marchand.	Vol avec effraction.		20	»	»	Id.	

Punitions infligées dans les 24 heures.

NUMÉROS DU REGISTRE d'écrou (A).	NOMS ET PRÉNOMS.	PAR QUI infligées.	GENRE DE PUNITIONS. Cellule.	Cellule avec fers.	MOTIFS.	OBSERVATIONS.
M 39	RIOTTE (Ernest).....	Le brigadier gardien de prison.	2 jours.	»	Réponse inconvenante.	
M 40	LYONÉ (Nicolas).....	Id.	»	2 jours.	Menaces envers ses camarades.	

Evénements et objets divers.

(A) Indiquer par l'une des lettres M ou C s'il s'agit du registre d'écrou des militaires ou du registre d'écrou des civils.

A   , le   18 .

Le Brigadier gardien-chef de la prison,

Mois de 18 .

MODÈLE N° 14.

Art. 119 de l'instruction sur le service prévôtal.

Justification : 313 sur 206.

e CORPS D'ARMÉE.

GENDARMERIE PRÉVOTALE.

e DIVISION D'INFANTERIE.

JOURNAL du service fait par la prévôté de ladite division pendant le mois de 189 .

JOURS DU MOIS.	SERVICE.			Prisonniers transférés et pièces les accompagnant. Date et lieu de remise. Noms des individus évadés, date et lieu de l'évasion, destination qu'ils devaient recevoir, envoi des pièces qui les concernent et des procès-verbaux de leur évasion.	OBSERVATIONS.
	Dans les camps et cantonnements pour la surveillance habituelle et pour l'exécution des réquisitions des autorités, des officiers qui commandent lesdits camps et cantonnements et des officiers de police judiciaire militaire. Indication des procès-verbaux rédigés dans le service.	Hors les camps et cantonnements pour les tournées de communes, patrouilles, captures de voleurs, arrestations de vagabonds, mendiants, déserteurs, espions, et de tous autres individus signalés, prévenus ou en état de flagrant délit ; délits et contraventions constatés dans le service.	Rencontres extraordinaires, conduite de prisonniers, escortes, main forte, désignation des procès-verbaux rédigés dans ce service.		
1	2	3	4	5	6
1					
2					

Modèle n° 15.

Art. 121 de l'instruction sur le service prévôtal

Justification : 11 sur 16.

CARNET-CALEPIN

DES CHEFS DE BRIGADE ET DES GENDARMES

Employés civils autorisés à suivre l'armée.

NOMS et PRÉNOMS.	PROFESSIONS.	DATE de L'AUTORISATION.	NOMS DES PERSONNES près desquelles ils sont employés.	OBSERVATIONS.

Patentes des marchands, vivandiers et cantiniers.

NOMS ET PRÉNOMS des DÉTENTEURS.	PROFESSIONS.	NUMÉRO de la PATENTE.	DATE A LAQUELLE elle a été délivrée.	OBSERVATIONS.

á feuillets.

Déserteurs.

DATE du SIGNALEMENT nº 1 et de réception.	NOMS ET PRÉNOMS. — GRADES ET CORPS.	SIGNALEMENTS.	POSITION MILITAIRE.	OBSERVATIONS — CIRCONSTANCES particulières de la désertion.

Mandats de justice.

NATURE et DATE des mandats. — Date de leur réception.	AUTORITÉS QUI ONT REQUIS les recherches.	NOMS, PRÉNOMS et SIGNALEMENTS.	DATE DES PREMIÈRES recherches. — Résultat des poursuites.	OBSERVAT.

Espions.

NOMS ET PRÉNOMS.	PROFESSIONS.	SIGNALEMENTS.	MOTIFS de la SURVEILLANCE.	OBSERVATIONS.

6 feuillets.

ORDRES IMPORTANTS DU COMMANDEMENT.

---

4 feuillets

ORDRES ET INSTRUCTIONS DES CHEFS PRÉVOTAUX.

Sommaire des procès-verbaux.

Numéro d'ordre.	NOMS ET PRÉNOMS des délinquants.	ANALYSE SOMMAIRE DES PROCÈS-VERBAUX.	DESTINATION DONNÉE aux procès-verbaux.	OBSERVATIONS.

10 feuillets.

TITRE II.

SERVICE JUDICIAIRE.

NOTIONS GÉNÉRALES.

Service judiciaire de la gendarmerie aux armées.

Art. 126. La gendarmerie remplit, en campagne, un double rôle au point de vue judiciaire.

En premier lieu, elle recherche les crimes et les délits commis par les individus justiciables des tribunaux militaires, en rassemble les preuves et en livre les auteurs à l'autorité chargée d'en poursuivre la répression devant ces tribunaux.

En second lieu, elle constitue, sous le nom de prévoté, un tribunal d'exception, appelé à venir en aide aux conseils de guerre, en exerçant une répression immédiate et sans appel sur le personnel flottant qui s'attache aux armées, et en deviendrait le fléau, s'il n'était sévèrement et promptement châtié.

Le premier de ces deux rôles est exercé par les officiers de police judiciaire militaire, parmi lesquels sont compris les officiers, sous-officiers et commandants de brigade de gendarmerie. Le second est rempli exclusivement par les officiers de gendarmerie. (Grand prévôt et prévôts, capitaines-vaguemestres, commandants des forces publiques des divisions d'infanterie et de cavalerie, des brigades opérant isolément, des commandements d'étapes d'une armée.)

En ce qui concerne les fonctions d'officier de police judiciaire militaire, il faut entendre par les mots *commandants de brigade*, non seulement le sous-officiers et les brigadiers de gendarmerie, mais encore les simples gendarmes qui exercent un commandement provisoire ou intérimaire.

Compétence générale des conseils de guerre aux armées.

Art. 127. Sont justiciables des conseils de guerre aux armées pour tous crimes, délits et même contraventions :

a) 1° Les justiciables des conseils de guerre en temps de paix, lesquels sont déterminés par les articles 55 et suivants du code de justice militaire ;

2° Les individus employés, à quelque titre que ce soit, dans les états-majors ou dans les administrations et services qui dépendent de l'armée ;

3° Les vivandiers et les vivandières, cantiniers et cantinières, les blanchisseurs, les marchands, les domestiques et autres individus à la suite de l'armée, en vertu de permissions.

Par individus employés, à quelque titre que ce soit, dans les états-majors ou dans les administrations et services qui dépendent de l'armée, il faut entendre les individus qui n'appartiennent pas à des corps organisés ou qui, ne faisant pas partie de l'armée à titre de militaires en vertu d'un brevet ou d'une commission, sont employés de fait, même temporairement ou par réquisition, à la conduite des charrois, au transport de l'artillerie, des bagages, vivres et fourrages de l'armée, ou comme écrivains secrétaires, commis dans les états-majors et administrations de l'armée: les agents des finances, des postes, des contributions, etc;

b. Sont justifiables des conseils de guerre, si l'armée est sur le territoire ennemi, tous individus prévenus, soit comme auteurs, soit comme complices, d'un des crimes ou délits prévus par le titre II du livre IV du Code de justice militaire (art 204 à 266).

c. Sont également justiciables des conseils de guerre, lorsque l'armée se trouve sur le territoire français en présence de l'ennemi, pour les crimes et délits commis dans l'arrondissement de cette armée:

1° Les étrangers prévenus des crimes et des délits prévus par le titre II du livre IV du Code de justice militaire;

2° Tous individus prévenus comme auteurs ou complices des crimes prévus par les articles 204, 205, 206, 207, 208, 249, 250, 251, 252, 253 et 254 du Code de justice militaire.

Compétence des conseils de guerre dans les communes et les départements en état de siège et dans les places de guerre assiégées ou investies.

Art. 128 Les conseils de guerre dans le ressort desquels se trouvent les communes et les départements déclarés en état de siège, et les places de guerre assiégées ou investies, connaissent de tous les crimes et délits commis par les justiciables des conseils de guerre aux armées, conformément aux paragraphes (*b*) et (*c*) ci-dessus, sans préjudice de l'application de la loi du 9 août 1849 sur l'état de siège.

(V. aussi la loi du 3 avril 1878 relative à l'état de siège et les art. 189 et 190 du décret du 4 octobre 1891 sur le service des places.)

Compétence particulière des divers conseils de guerre.

Art. 129. Les conseils de guerre se divisent:

1° En conseils de division ou de détachement;
2° En conseils de quartier général de corps d'armée;
3° En conseils de quartier général d'armée.

Le Code de justice militaire a déterminé pour chacun d'eux (articles 65, 66 et 67) les limites de leur compétence spéciale en ce qui concerne les militaires et les assimilés.

Quant aux individus justiciables des conseils de guerre qui ne sont ni militaires, ni assimilés aux militaires, ils sont traduits devant l'un des conseils de guerre de l'armée les plus voisins du lieu dans lequel le crime ou le délit a été commis, ou du lieu dans lequel le prévenu a été arrêté.

Compétence des prévôtés (1).

Art. 130. Les prévôtés ont juridiction :

1° Sur les vivandiers, vivandières, cantiniers, cantinières, blanchisseurs, marchands, domestiques, et toutes personnes à la suite de l'armée en vertu de permission ;

2° Sur les vagabonds et gens sans aveu ;

3° Sur les prisonniers de guerre qui ne sont pas officiers, ou qui, l'étant, ont, par suite d'infraction à leur parole, perdu cette qualité et ne sont plus considérés et traités que comme soldats. (Décret du 4 août 1811, art. 2, et règlement ministériel du 21 mars 1893, art. 35.)

Les prévôtés connaissent à l'égard des individus ci-dessus désignés, dans l'étendue de leur ressort :

1° Des infractions prévues par l'article 271 du Code de justice militaire, lesquelles sont punies d'un emprisonnement ne pouvant excéder deux mois (contraventions de police, infractions aux règlements relatifs à la discipline) ;

2° De toute infraction dont la peine ne peut excéder six mois d'emprisonnement et deux cents francs d'amende, ou l'une de ces peines (2) ;

3° Des demandes en dommages-intérêts qui n'excèdent pas 150 francs, lorsqu'elles se rattachent à une infraction de leur compétence (2).

Les individus employés, à quelque titre que ce soit, dans les états-majors ou dans les administrations et services qui dépendent de l'armée, ne sont justiciables que des conseils de guerre. Ils ne rentrent donc pas dans la catégorie des personnes à la suite de l'armée, en vertu de permissions, visées dans le premier paragraphe du présent article.

CHAPITRE Ier.

DES FONCTIONS DE L'OFFICIER DE POLICE JUDICIAIRE MILITAIRE.

Devoirs des officiers et des commandants de brigade de gendarmerie aux armées.

Art. 131. Les officiers et les commandants de brigade de gendarmerie doivent, en leur qualité d'officiers de police judiciaire

(1) Le grand prévôt et les prévôts ne peuvent prononcer de peine d'emprisonnement ou d'amende, même par mesure de police, que dans les cas prévus par le Code militaire. (*Foucher.*)

(2) Cela doit s'entendre de la peine édictée par la loi contre l'infraction, et non de la peine que le juge pourrait appliquer alors que la loi déterminerait un maximum plus élevé ; de même, en autorisant les prévôts à statuer sur les demandes en dommages-intérêts jusqu'à 150 francs, la loi a entendu parler du chiffre de la somme demandée et non de celle allouée par le juge. (Instr. min. du 28 juillet 1857.)

militaire, aussitôt qu'ils ont connaissance d'un crime ou délit commis soit par des militaires, soit par des individus justiciables des conseils de guerre, se transporter sur les lieux et faire les actes d'information nécessaires, conformément aux prescriptions des articles 83 et suivants du Code de justice militaire.

L'instruction à laquelle ils procèdent en pareil cas réclame une attention d'autant plus sérieuse qu'en raison des mouvements de l'armée, elle est souvent la seule qui puisse être faite. Les pièces établies par l'officier de police judiciaire militaire ayant, aux termes de l'art. 104 du Code de justice militaire, la même force et la même autorité en justice que si elles émanaient du commissaire du gouvernement rapporteur, il importe que toutes les formalités prescrites par la loi soient scrupuleusement observées.

Dénonciations et plaintes.

Art. 132. Les officiers de police judiciaire militaire reçoivent, en cette qualité, les dénonciations et les plaintes qui leur sont adressées.

Celles-ci doivent énoncer autant que possible :

1° La nature et les circonstances de l'infraction ;

2° Le temps et le lieu où elle a été commise ;

3° Les preuves et les indices à la charge de l'auteur de l'infraction ;

4° Les noms, prénoms, professions et demeures des plaignants ou dénonciateurs, des témoins s'il en existe, et des inculpés s'ils sont connus.

Les officiers de police judiciaire militaire appelés à recevoir des plaintes ou dénonciations se conforment aux prescriptions des articles 244, 245, 246 et 247 du décret du 1er mars 1854, lesquelles sont applicables aux armées.

Ils donnent suite aux plaintes et dénonciations, et informent sur-le-champ, s'il y a lieu.

Instruction d'une affaire.

Art. 133. Les instructions judiciaires nécessitent en général la rédaction de trois sortes d'actes :

1° *L'interrogatoire de l'inculpé ;*

2° *La constatation du corps du délit et de l'état des lieux ;*

3° *L'interrogatoire des témoins.*

L'officier de police judiciaire militaire qui procède à une instruction se fait généralement assister d'un greffier, qui doit être âgé au moins de 25 ans et à qui il fait préalablement prêter serment d'en bien et fidèlement remplir les fonctions. La présence du greffier est obligatoire lorsque l'officier de police judiciaire militaire opère en vertu d'une commission rogatoire.

En cas de flagrant délit, l'officier de police judiciaire militaire peut faire saisir les militaires ou les individus, justiciables des tribunaux militaires, inculpé d'un crime ou délit : il dresse procès-verbal de l'arrestation en y consignant les noms, prénoms, qualités et signalement des individus arrêtés.

En cas de fuite de l'inculpé, il décerne contre lui un mandat d'amener.

Hors le cas de flagrant délit, tout militaire ou tout individu justiciable de conseils de guerre, en activité de service, ne peut être arrêté qu'en vertu de l'ordre de son supérieur.

1° Interrogatoire de l'inculpé.

Art. 134. Si au moment où l'officier de police judiciaire militaire commence son instruction l'inculpé est arrêté, il doit être procédé tout d'abord à son interrogatoire. La loi veut qu'il en soit ainsi, afin que l'inculpé connaisse dès le début les motifs de la poursuite dont il est l'objet, et que, d'autre part, l'officier de police judiciaire puisse diriger ses investigations d'après les réponses qui lui auront été faites.

Ce premier interrogatoire peut d'ailleurs être sommaire, le nombre des interrogatoires n'étant pas limité.

L'officier de police judiciaire militaire interroge l'inculpé sur ses nom, prénoms, âge, lieu de naissance, profession et domicile avant son entrée au service et sur les circonstances du délit : il lui fait représenter les pièces à conviction, et l'interpelle pour qu'il ait à déclarer s'il les reconnaît.

L'interrogatoire fini, il en est donné lecture à l'inculpé, afin qu'il déclare si ses réponses ont été fidèlement transcrites, si elles contiennent la vérité et s'il y persiste.

L'interrogatoire est signé par l'inculpé et clos par la signature de l'officier de police judiciaire militaire et celle du greffier, s'il y en a un. Si l'inculpé refuse de signer, mention est faite de son refus ; il en est de même s'il ne sait ou ne peut signer.

S'il y a plusieurs inculpés du même délit, chacun d'eux est interrogé séparément, sauf à les confronter s'il y a lieu.

S'il en est besoin, l'officier de police judiciaire militaire peut avoir recours à un interprète, sous la réserve qu'il sera âgé de vingt-et-un ans au moins, qu'il prêtera serment et signera à la fin du procès-verbal d'interrogatoire. Le greffier peut servir d'interprète pouvu qu'il prête un nouveau serment. Mais un témoin ne peut être designé comme un interprète, même après avoir été entendu.

Si l'intervention d'un traducteur est nécessaire, l'officier de police judiciaire militaire procède comme il vient d'être dit pour l'interprète.

L'inculpé est interrogé hors de la présence des témoins; mais l'officier de police judiciaire peut le confronter avec l'un de ces témoins, s'il le croit utile à la manifestation de la vérité ; il constate cette confrontation et ses résultats dans le procès-verbal, et, après en avoir donné lecture à l'inculpé et au témoin, il les requiert d'y apposer leur signature ; s'ils ne savent ou ne veulent pas signer, il en est fait mention.

Cas ou l'inculpé est arrêté au cours de l'instruction.

Art. 135. Si l'inculpé est arrêté pendant le cours de l'instruction, l'officier de police judiciaire militaire procède immédiatement à son interrogatoire, lui donne lecture des procès-verbaux déjà rédigés et constatant les opérations qui auraient dû être faites en sa présence, et le fait ensuite assister à celles qui ne sont pas encore terminées. Il entend, comme témoins, les personnes qui ont opéré l'arrestation de l'inculpé (afin de constater les circonstances de cette arrestation) et celles qui ont saisi sur lui des objets pouvant servir de pièces à conviction.

2° Constatation du corps du délit et de l'état des lieux, saisie des pièces à conviction.

Art. 136. La rédaction des procès-verbaux nécessaires pour constater le corps du délit et l'état des lieux peut, suivant le cas, précéder ou suivre l'interrogatoire des témoins.

Lorsqu'il s'agit de blessures ou de mort violente, l'officier de police judiciaire militaire, conformément à l'article 44 du Code d'instruction criminelle, se fait assister d'un ou de deux médecins qui lui remettent leur rapport sur l'état des blessures ou sur les causes de la mort et l'état du cadavre. S'il s'agit de blessures, le rapport doit indiquer leur gravité et la durée présumée de l'incapacité de travail qui en sera la conséquence.

Avant de procéder à leur examen, les médecins doivent prêter serment entre les mains de l'officier de police judiciaire de faire leur rapport et de donner leur avis en leur honneur et conscience. L'officier de police judiciaire constate la prestation de serment sur son procès-verbal, et joint à ce dernier le rapport après l'avoir visé.

Il est procédé de la même manière lorsqu'il y a lieu d'appeler des experts qui, par leur art ou profession, sont capables d'apprécier la nature du crime ou du délit.

L'officier de police judiciaire militaire décrit le plus exactement possible dans son procès-verbal l'état des lieux dans lesquels le crime ou le délit a été commis ; il constate avec soin le corps du délit ; il indique, s'il y a lieu, l'état du cadavre, la position exacte qu'il occupait quand on l'a découvert, le nombre et la gravité des blessures ; il relate les perquisitions et toutes les opérations qui ont été faites, et énumère, en les décrivant, les pièces à conviction qui ont été trouvées et saisies (armes, effets, papiers, etc.)

L'officier de police judiciaire militaire doit saisir tout ce qui est à décharge aussi bien qu'à charge, en un mot, tout ce qui peut servir à la manifestation de la vérité.

Si la nature du crime ou du délit est telle que la preuve puisse vraisemblablement être acquise par les papiers ou autres pièces et effets en la possession de l'inculpé, l'officier de police judiciaire se transporte tout de suite au domicile de cet inculpé, s'il en a un, pour y faire la recherche de ces objets et les saisir.

Les objets saisis sont clos et cachetés si faire se peut, et, s'ils ne sont pas susceptibles de recevoir des caractères d'écriture, ils sont mis dans un vase ou dans un sac sur lequel l'officier de police judiciaire attache une bande de papier qu'il scelle de son sceau.

Toutes ces opérations doivent se faire en présence de l'inculpé, s'il a été arrêté, et, s'il ne veut ou ne peut y assister, en présence d'un fondé de pouvoir qu'il pourra nommer ; il en est fait mention au procès-verbal. Les objets saisis lui sont présentés à l'effet de les reconnaître et de les parapher, s'il y a lieu ; en cas de refus, il en est fait également mention au procès-verbal.

Il doit être donné lecture à l'inculpé de tout procès-verbal qui se rapporte à la constatation du corps du délit et de l'état des lieux, ainsi qu'aux perquisitions et aux saisies de pièces à conviction.

Interrogatoire des témoins.

Art. 137. L'officier de police judiciaire militaire reçoit les déclarations des personnes présentes sur les lieux ou qui auraient des renseignements à donner; il peut appeler à son procès-verbal quiconque est présumé en état de donner des éclaircissements pouvant conduire à la découverte de la vérité.

Il entend les témoins séparément et hors de la présence de l'inculpé ; il leur fait prêter serment de parler sans haine et sans crainte et de dire toute la vérité, rien que la vérité. Les témoins, levant la main droite, répondent : « Je le jure. »

L'officier de police judiciaire leur demande leurs noms, prénoms, âge, profession, demeure ; s'ils sont domestiques, parents ou alliés des parties et à quel degré ; il est fait mention de la demande et des réponses des témoins.

Chaque déposition est signée, à la fin, par l'officier de police judiciaire, par le greffier, s'il y en a un, et par le témoin, après que lecture lui en a été faite et qu'il a déclaré y persister. Si le témoin ne veut ou ne peut signer, il en est fait mention.

Chaque page du cahier d'information doit être signée par l'officier de police judiciaire, par le greffier et par les personnes présentes. En cas de refus ou d'impossibilité de signer de la part de celles-ci, il en est fait mention.

Toutefois, on reçoit habituellement chaque déclaration sur une feuille détachée, afin de faciliter les recherches.

Il ne doit y avoir dans les dépositions aucun interligne, et tous les renvois, ratures et surcharges doivent être approuvés et signés par l'officier de police judiciaire, le greffier et le témoin. A cet effet, chaque renvoi est suivi des mots : « Approuvé le présent renvoi », au-dessous desquels sont placées les signatures. Les ratures sont approuvées à la fin de la déposition et avant les signatures par les mots : « Approuvé (indiquer en toutes lettres le nombre), mots rayés nuls. » S'il existe des surcharges, elles sont indiquées à la suite des mots rayés nuls par : « et les mots surchargés. » (Indiquer les mots qui ont été surchargés). Les règles qui précèdent doivent être observées dans tous les autres actes de l'instruction.

Les enfants au-dessous de l'âge de 15 ans peuvent être entendus sans prestation de serment, à titre de simple renseignement. Il en est de même des ascendants de l'inculpé, de ses descendants, de ses frères et sœurs, de ses alliés au même degré, de son conjoint.

Les témoins militaires doivent déposer sans armes ; ils se tiennent debout et découverts, à moins que l'officier de police judiciaire ne permette qu'il en soit autrement. (Circulaire ministérielle du 10 décembre 1862.)

La lecture à l'inculpé des procès-verbaux relatant les dépositions des témoins est en principe réservée au rapporteur ; mais, en campagne, comme il importe d'abréger le travail de ce dernier, l'officier de police judiciaire militaire doit remplir cette formalité et le constater. (Décision du 24 septembre 1879.)

Si l'un des témoins appelés refuse de venir déposer, l'officier de police judiciaire militaire se contente de rédiger, de ce refus, un procès-verbal qui est joint à la procédure, en ayant soin d'y indiquer le fait sur lequel le témoin devait déposer. L'article 103 du Code de justice militaire réserve, en effet, au rapporteur le droit de contraindre les témoins à donner leur témoignage.

Lorsque des militaires, témoins du crime ou du délit ne se trouvent pas sur les lieux à l'arrivée de l'officier de police judiciaire militaire, ce dernier doit s'adresser à leurs chefs de corps pour les faire comparaître.

Destination à donner en campagne aux individus arrêtés et justiciables des conseils de guerre.

Art. 138. Lorsque l'information est terminée, les inculpés sont conduits devant le chef d'état-major de la division dans l'arrondissement de laquelle l'infraction a été commise.

Il est procédé d'une façon analogue, en ce qui concerne les individus justiciables des conseils de guerre, pour infractions commises dans l'arrondissement d'un détachement, d'un quartier général de corps d'armée ou du quartier général de l'armée (art. 65, 66, 67 et 68 du Code de justice militaire).

Toutes les pièces de l'information sont adressées sur-le-champ à l'officier général ou au commandant du détachement à la disposition duquel a été mis l'inculpé.

Les militaires en absence illégale, les déserteurs sont conduits à leur corps.

Les prisonniers évadés sont reconduits à la prison de laquelle ils se sont évadés.

Toutefois, si les militaires en absence illégale ou déserteurs se sont rendus coupables d'un crime ou d'un délit depuis qu'ils ont quitté leur corps, il est procédé, à leur égard, après l'information qui doit être faite sur-le-champ, comme il a été dit plus haut.

Mêmes observations pour les prisonniers évadés.

Recherche et arrestation hors le cas de flagrant délit.

Art. 139. La gendarmerie recherche les prévenus de crime ou de délit et les arrête. Ceux qui appartiennent à l'armée sont conduits devant l'officier qui commande la fraction de l'armée à laquelle ils appartiennent. Ceux qui n'appartiennent pas à l'armée et qui sont cependant justiciables des conseils de guerre, sont conduits devant l'officier qui commande la fraction de l'armée dans l'arrondissement de laquelle ils ont été arrêtés. (Art. 68 du Code de justice militaire).

Hors le cas de flagrant délit, tout militaire ou tout individu justiciable des conseils de guerre, en activité de service, inculpé d'un crime ou d'un délit, ne pouvant être arrêté qu'en vertu d'un ordre de ses supérieurs, les gendarmes, lorsqu'ils ont, en pareil cas, à exécuter un ordre d'arrestation, doivent s'adresser tout d'abord au chef de corps qui donne l'autorisation nécessaire.

Lorsque le flagrant délit a cessé, sans qu'il y ait eu de mandat décerné contre l'inculpé, si ce dernier est présent à son corps, il est donné avis à ses supérieurs, afin qu'ils le mettent en état d'arrestation provisoire ; toutes les pièces de l'information sont adressées directement à l'officier supérieur ou général, qui peut donner l'ordre d'informer contre l'inculpé. Si celui-ci est absent de son corps, et même dans une situation régulière, la gendarmerie ne l'arrête pas moins en vertu des articles 274 et 275 du décret du 1er mars 1854 et de l'article 96 du Code de justice militaire.

Perquisitions dans un établissement militaire ou civil.

Art. 140. Dans le cas de flagrant délit, l'officier de police judiciaire militaire qui informe, est autorisé à pénétrer, sans aucune formalité préalable, dans les établissements militaires ou civils. Son action ne doit, en effet, subir aucun retard qui permettrait de faire disparaître les preuves du crime ou du délit et de soustraire le coupable à la justice.

Lorsque le flagrant délit a cessé, l'officier de police judiciaire militaire appelé à constater, dans un établissement civil, un crime ou un délit de la compétence des tribunaux militaires ou à y faire arrêter un de ses justiciables, adresse à l'autorité civile ou judiciaire compétente ses réquisitions tendant, soit à obtenir l'entrée de cet établissement, soit à assurer l'arrestation de l'inculpé. L'autorité est tenue de déférer à ces réquisitions. L'officier de police judiciaire militaire est accompagné dans ses recherches par le chef de l'établissement ou par un de ses agents, qui est tenu de signer le procès-verbal de perquisition ou d'arrestation ; en cas de refus ou d'impossibilité de signer, il en est fait mention.

C'est ainsi qu'il est procédé, lorsque l'armée se trouve encore à l'intérieur du pays ou qu'elle occupe un pays allié. Mais, en territoire ennemi, l'officier de police judiciaire militaire qui informe, est autorisé à pénétrer dans un établissement civil, sans être assisté d'aucune autorité civile, s'il ne s'en trouve pas sur les lieux ; mention en est faite au procès-verbal. (Justice militaire, art. 153.)

Lorsque, dans les mêmes circonstances que ci-dessus, c'est-à-dire hors du cas de flagrant délit, l'officier de police judiciaire militaire a besoin de pénétrer dans un établissement militaire, il s'adresse à l'officier qui commande sur les lieux, et en cas de refus, il en réfère à l'officier immédiatement supérieur au premier.

Perquisitions dans une maison particulière.

Art. 141. S'il est nécessaire de pénétrer dans une maison particulière, l'officier de police judiciaire militaire, en pays ennemi, ou dans un territoire en état de guerre ou en état de siège, ou dans une place assiégée ou investie, s'il ne se trouve sur les lieux aucune autorité civile chargée de l'assister, peut passer outre et mention en est faite au procès-verbal.

Commission rogatoire.

Art. 142. Le commissaire du gouvernement rapporteur peut décerner des commissions rogatoires aux officiers et aux chefs de brigade à l'effet d'entendre des témoins, de recueillir des renseignements et d'accomplir tous les actes inhérents à leur qualité d'officier de police judiciaire militaire. (Justice militaire, art. 102,)

Les règles pour l'exécution d'une commission rogatoire sont les mêmes que celles suivies par l'officier de police judiciaire militaire lorsque, dans toute autre circonstance, il procède à une information. Toutefois l'assistance d'un greffier, qui prête serment, est obligatoire : dans ce cas, mention est faite de cette formalité au procès-verbal d'information.

L'officier de police judiciaire militaire fait citer les témoins régulièrement et sans frais par la gendarmerie ou par tous autres agents de la force publique. Il doit y avoir, autant que possible, un délai de vingt-quatre heures entre le moment de la notification et la comparution du témoin.

Si un témoin est détenu dans une prison, l'officier de police judiciaire militaire l'en fait extraire, pour comparaître devant lui, en envoyant un réquisitoire au gardien-chef; ce témoin doit être cité régulièrement.

Si le témoin est en traitement dans un hôpital civil ou militaire, l'officier de police judiciaire s'y transporte, accompagné du greffier, à l'effet de recevoir sa déclaration ; pour pénétrer dans l'établissement, il se conforme aux prescriptions de l'article 143 de la présente instruction.

Lorsqu'il est constaté, par un certificat d'un officier de santé, que l'un des témoins est dans l'impossibilité de comparaître sur la citation qui lui a été donnée, l'officier de police judiciaire militaire, accompagné de son greffier, se transporte à sa demeure pour recevoir sa déposition.

Si l'un des témoins n'est plus dans l'arrondissement de la fraction de l'armée à laquelle appartient l'officier de police judiciaire militaire saisi par une commission rogatoire, ce dernier en informe sur-le-champ le commissaire du gouvernement rapporteur.

Si l'un des témoins refuse de comparaître ou de déposer, l'officier de police judiciaire dresse un procès-verbal, ainsi qu'il est prescrit à l'article 140 de la présente instruction, et l'envoie, sans délai, au commissaire du gouvernement rapporteur en même temps que l'original de la citation.

Dans le cas où l'officier de police judiciaire militaire pense qu'il y a lieu d'entendre d'autres témoins que ceux portés sur la commission rogatoire, il les fait citer régulièrement.

L'information terminée, le greffier rassemble les pièces du dossier, y compris la commission rogatoire et tout autre document qui aurait été envoyé par le commissaire du gouvernement rapporteur, et dresse, de tout, un inventaire qu'il signe. Le dossier est ensuite adressé par l'officier de police judiciaire militaire au commissaire du gouvernement qui l'a délégué ; toutes les pièces doivent être closes et cachetées. Les pièces à conviction sont portées au greffe du conseil de guerre ; elles doivent être mentionnées sur l'inventaire, ainsi que les originaux de notification de cédule et l'état des frais (s'il y en a eu) joint au procès-verbal d'information.

Le commissaire du gouvernement rapporteur adresse toujours les commissions rogatoires à l'officier commandant la gendarmerie de la fraction de l'armée dans l'arrondissement de laquelle il y a lieu d'entendre les témoins, de prendre les renseignements, de procéder aux actes d'information. Cet officier, s'il est empêché, peut charger, en le déléguant par écrit, un officier ou un chef de brigade placé sous ses ordres de faire l'information ou seulement une partie des actes demandés par la commission rogatoire.

Frais.

Art. 143. Les officiers de tous grades, les fonctionnaires et employés militaires, les sous-officiers, caporaux et soldats, en activité appelés en témoignage, n'ont droit, pour leur déplacement, à aucune indemnité spéciale sur les fonds de la justice militaire.

Il en est de même :

1° Des officiers de tous grades, des fonctionnaires et employés militaires en disponibilité ou en non-activité, jouissant d'un traitement;

2° Des employés de l'armée, ou attachés à la suite, qui reçoivent de l'Etat un traitement.

Les individus non militaires et les employés de l'armée ou attachés à la suite, auxquels l'Etat ne paie directement aucun traitement d'activité, reçoivent, quand ils sont appelés en témoignage, une indemnité qui est fixée par l'officier de police judiciaire, et qui ne peut être moindre de 1 fr., ni supérieure à 2 fr. 50 par jour, soit de séjour, soit de voyage.

La journée de marche est décomptée à raison de 24 kilomètres.

Les interprètes sont taxés également par l'officier de police judiciaire à raison de 6 francs par séance entière de jour et de 9 francs par séance entière de nuit; la traduction, par écrit, qu'ils peuvent être appelés à faire, de pièces à conviction rédigées en langue étrangère, constitue un travail à part dont le prix fait l'objet d'une évaluation spéciale.

Sont taxés, à raison de 6 francs par vacation, les experts écrivains et les officiers de santé ou médecins civils dont le ministère a été requis. (Décret du 13 novembre 1857, article 12 à 17.)

L'officier de police judiciaire militaire qui a instrumenté en vertu d'une commission rogatoire délivre immédiatement aux témoins, interprètes, experts, médecins, les mandats de paiement sur le payeur particulier de la division, ou sur le payeur principal du quartier général dont il fait personnellement partie. Mais il doit préalablement inviter les ayants droit à déclarer s'ils requièrent la taxe. Mention de cette déclaration est faite dans le mandat. (Instruction ministérielle du 24 juin 1858, article 17 et suivants.)

Les mandats de paiement des témoins sont inscrits au dos de la cédule qu'ils ont apportée en venant déposer. S'il s'agit d'un médecin ou d'un expert, le mandat de paiement est inscrit au dos de la copie du réquisitoire qui lui a été adressé. Le réquisitoire devant faire partie de la procédure, c'est une copie de ce réquisitoire qui sert à allouer la taxe.

Un bordereau des sommes allouées aux témoins, et s'il y a lieu, aux médecins et aux experts, est joint aux pièces d'information, lors de leur envoi, afin que ces frais puissent figurer dans l'exécution des jugements de condamnation. (Lettre ministérielle du 7 mai 1863.)

Le mandat de paiement délivré à chaque témoin, doit indiquer son état ou sa profession et son domicile. Dans le cas où le témoin est un sous-officier ou soldat en congé, sans solde, ou bien appartenant à la réserve, le mandat en fait également mention.

Lorsqu'un officier de police judiciaire militaire s'est déplacé pour un acte de son ministère, et que ce déplacement lui occasionne des frais, il doit, pour en obtenir le remboursement, établir un mémoire qu'il joint aux pièces à adresser au général. Le commissaire du gouvernement rapporteur saisi de l'affaire, est tenu de rendre ce mémoire exécutoire. (Décret du 18 juin 1811, art. 142.)

Citations.

Art. 144. Toutes les assignations, citations et notifications aux témoins, aux inculpés ou accusés, sont faites sans frais par la gendarmerie ou par les autres agents de la force publique. (Justice militaire, article 183.)

Par agents de la force publique, il faut entendre, aux armées, les sous-officiers, caporaux ou brigadiers, et même les soldats.

Cédules.

Art. 145. Les citations se font au moyen de cédules.

Il y a deux sortes de cédules : la première, pour témoins civils, est toujours individuelle, à cause de la taxe ; la deuxième, pour militaire, peut être collective, ces derniers n'ayant droit à aucune indemnité ; cependant, elle devra être individuelle si les témoins n'appartiennent pas au même corps, ou s'ils ne sont pas dans le même casernement.

Pour les officiers, il y a toujours lieu d'établir une cédule individuelle.

La formule est la même dans tous les cas ; seulement, la cédule du témoin civil doit porter au dos le mandat de paiement en vertu duquel le payeur du corps d'armée ou de la division lui paie l'indemnité qui lui est allouée.

Citation d'un témoin militaire.

Art. 146. La cédule doit être notifiée au témoin lui-même, à la caserne, puis remise à l'adjudant de semaine pour que compte en soit rendu au chef de corps.

Si le témoin est absent, l'agent de la force publique remet la copie de la cédule à l'adjudant, qui vise l'original et rend compte à ses chefs. Il est fait mention de cette circonstance dans la signification.

En cas de cantonnement, l'agent s'adresse à l'un des sous-officiers de la compagnie du témoin cité, de préférence au plus élevé en grade de ceux qui sont présents sur les lieux.

Si le témoin est en fuite, l'agent se présente devant l'officier comptable du corps, qui vise l'original de l'acte de signification ; mention est faite, dans cet exploit, de la réponse de l'officier.

Un officier doit être cité à son domicile.

Citation d'un témoin non militaire.

Art. 147. La remise directe de la citation peut être effectuée en quelque lieu que ce soit, au domicile du témoin, parlant à sa personne ou à ses parents, ou à ses serviteurs, ou même partout ailleurs qu'au domicile, mais parlant à sa personne.

Le témoin cité, ses parents, ses serviteurs, n'ont pas à signer l'original de la signification.

Si l'agent de la force publique ne peut trouver le témoin, si ses parents ou serviteurs refusent de recevoir la. cédule, il doit en remettre la copie à un voisin, qui signera l'original de la signification ; à défaut de voisin, au maire ou à l'adjoint.

Si la justice du pays occupé ne fonctionne plus et s'il s'agit d'un témoin qui n'a pu être trouvé, deux copies de la cédule sont faites : l'une est affichée à la porte de la salle où siège le conseil de guerre, et l'autre remise au commissaire rapporteur, qui signe l'original.

Compétence des officiers de police judiciaire militaire.

Art. 148. Les officiers de police judiciaire militaire appartenant à la gendarmerie ne peuvent informer que dans l'arrondissement de la fraction de l'armée dont ils font partie.

Par arrondissement, il faut entendre l'ensemble des cantonnements (le territoire) occupés par cette fraction d'armée jusqu'à la limite du territoire occupé par la fraction ou les fractions voisines.

Quand un officier ou un chef de brigade, se trouvant en dehors de sa circonscription, a connaissance d'un crime ou d'un délit, ou même en est témoin, son devoir est de faire prévenir immédiatement l'officier ou le chef de brigade le plus à proximité, et, en attendant ce dernier, de s'assurer de la personne du coupable et de recueillir tous les renseignements nécessaires. Il dresse procès-verbal et est entendu, comme témoin, par l'officier de police judiciaire militaire compétent.

Réquisitions d'information adressées par certaines autorités militaires aux officiers et chefs de brigade de gendarmerie.

Art. 149. Les commissaires du gouvernement rapporteurs n'ont pas seuls action sur les officiers et les chefs de brigade de gendarmerie considérés comme officiers de police judiciaire militaire. En vertu de l'article 85 du Code de justice militaire, les commandants et majors de place, les chefs de corps, de dépôt et de détachement, les chefs de service d'artillerie et du génie, les membres du corps de l'intendance militaire peuvent requérir les officiers de police judiciaire militaire, et, par suite, ceux appartenant à la gendarmerie, de faire tous les actes nécessaires à l'effet de constater les crimes et les délits, et d'en livrer les auteurs aux tribunaux chargés de les punir.

Dans ce cas, les officiers et chefs de brigade de gendarmerie doivent se faire remettre une réquisition qu'ils joignent à leurs procès-verbaux d'information.

CHAPITRE II.

MODÈLES DE FORMULES.

Art. 150. Les formules le plus habituellement employées par les officiers de police judiciaire militaire sont les suivantes, à titre d'exemple :

Formule n° 2.

e CORPS D'ARMÉE. — FORCE PUBLIQUE.

e DIVISION D'INFANTERIE. — CANTONNEMENT DE

CÉDULE.

Articles 102, 103 et 183 du Code de justice militaire.

La présente devra être rapportée en venant déposer.

Nous, BEL (Jean-Baptiste), maréchal des logis de gendarmerie, attaché à la force publique de la e division d'infanterie du e corps d'armée, officier de police judiciaire militaire, aux termes de l'article 84 du Code de justice militaire, informant contre le nommé Petit (Alfred), soldat au e de ligne, pour l'exécution d'une commission rogatoire à nous adressée par le commissaire rapporteur près le conseil de guerre de la division, requérons le sieur GAUTHIER (Louis), sergent audit régiment, de comparaître devant nous, à
le quatre octobre mil huit cent quatre-vingt-quatre, à onze heures du matin, pour y déposer en personne sur les faits relatifs au dénommé ci-dessus.

Le témoin requis est prévenu que, faute par lui de se conformer à la présente assignation, il y sera contraint par les voies de droit, conformément à l'article 103 du Code de justice militaire.

A , le 2 octobre 1884.

BEL.

Signification. L'an mil huit cent quatre-vingt-quatre, le deux octobre, à neuf heures du matin, à la requête du maréchal des logis de gendarmerie BEL, attaché à la force publique de la e division d'infanterie du e corps d'armée, officier de police judiciaire militaire;

Nous, DOMINÉ (Jacques), gendarme à pied attaché à ladite force publique, soussigné, avons signifié la cédule ci-dessus au sieur GAUTHIER (Louis), sergent au e de ligne, parlant à sa personne, ainsi déclaré, et avons ensuite remis la présente cédule à l'adjudant de semaine pour qu'il en rende compte à son colonel.

Dont acte, à , les jour, mois et an que dessus.

DOMINÉ.

NOTA. — Lorsqu'il y a lieu, on ajoute à la cédule : « Le témoin, en venant déposer, devra apporter..... » (Indiquer les objets.)

Formule n° 2 *bis.*

e CORPS D'ARMÉE.

FORCE PUBLIQUE.

e DIVISION D'INFANTERIE.

CANTONNEMENT DE

CÉDULE.

Articles 102, 103 et 183 du Code de justice militaire.

La présente devra être rapportée en venant déposer.

Nous, Bel (Jean-Baptiste), maréchal des logis de gendarmerie attaché à la force publique de la e division du e corps d'armée, officier de police judiciaire militaire, informant contre le nommé Petit (Alfred), soldat au e de ligne, pour l'exécution d'une commission rogatoire à nous adressée par le commissaire rapporteur près le conseil de guerre de la division, requérons le sieur Kummer (Henri), négociant à , de comparaître devant nous, rue de , le quatre octobre mil huit cent quatre-vingt-quatre, à onze heures du matin, pour y déposer en personne sur les faits relatifs au dénommé ci-dessus.

Le témoin requis est prévenu que, faute par lui de se conformer à la présente assignation, il sera contraint par les voies de droit, conformément à l'article 103 du Code de justice militaire.

Donné à , le 2 octobre 1884.

Bel.

Signification. L'an mil huit cent quatre-vingt-quatre, le deux octobre, à neuf heures et demie du matin, à la requête du maréchal des logis de gendarmerie Bel, attaché à la force publique de la e division du e corps d'armée, officier de police judiciaire militaire,

Nous, Dominé (Jacques), gendarme à pied, attaché à ladite force publique, soussigné, avons signifié la cédule ci-dessus au sieur Kummer (Henri), négociant, en son domicile à , parlant à la nommée Singer (Emilia), sa domestique (ou à sa personne), ainsi déclaré, et, à ce qu'il n'en ignore, nous lui avons laissé la présente.

Dont acte à , les jour, mois et an que dessus.

Dominé.

MANDAT de payement de la taxe d'un témoin à porter au dos de la cédule qui précède (Circulaire ministérielle du 7 mai 1863).

Monsieur le payeur particulier de la e division d'infanterie du e corps d'armée est invité, au besoin requis, de payer, sur la présentation de ce mandat, au sieur Kummer (Henri), négociant à , la somme de un franc qui lui a été allouée, sur sa demande, pour sa comparution en qualité de témoin dans l'affaire du nommé Petit (Alfred), soldat au e de ligne, inculpé de coups et blessures.

Fait à , le 4 octobre 1884.

Le Maréchal des logis de gendarmerie, ordonnateur secondaire,

Bel.

Le témoin Kummer sait signer.

Pour acquit,

Kummer.

Taxe de un franc.

Le greffier,

Laloé.

Bon pour un franc.

Nota. — Dans l'exemple qui précède, le témoin est taxé à un franc par jour.

RÉQUISITOIRE A UN MÉDECIN.

e corps d'armée. — Force publique.

e division d'infanterie — Cantonnement de

Nous, Bel (Jean-Baptiste), maréchal des logis de gendarmerie, attaché à la force publique de la e division du e corps d'armée, officier de police judiciaire militaire, aux termes de l'article 84 du Code de justice militaire, agissant en vertu d'une commission rogatoire à nous adressée par le commissaire du gouvernement rapporteur près le conseil de guerre de ladite division, invitons, et requérons au besoin, monsieur Forstier (Emile), docteur médecin, âgé de 33 ans, de se transporter sans retard au domicile du sieur Klein, à l'effet de procéder, après avoir prêté serment entre nos mains, à l'examen des blessures reçues par le sus-nommé, lesquelles blessures lui ont été faites par le soldat Petit, du e de ligne, et de nous remettre son rapport.

A , le 4 octobre 1884.

Bel.

MANDAT D'AMENER.

ᵉ CORPS D'ARMÉE. — FORCE PUBLIQUE.

ᵉ DIVISION D'INFANTERIE. — CANTONNEMENT D

De par la loi,

Nous, Bel, maréchal des logis de gendarmerie, attaché à la force publique de la ᵉ division d'infanterie du ᵉ corps d'armée, officier de police judiciaire militaire, aux termes de l'article 84 du Code de justice militaire, et agissant en vertu de l'article 87 dudit Code, requérons les militaires de la gendarmerie et tous autres agents de la force publique d'arrêter et d'amener devant nous, en se conformant à la loi, le nommé..... (nom, prénoms, grade, régiment et toutes autres indications pouvant faciliter l'arrestation) inculpé de..... (énoncer succinctement le crime ou le délit).

On saisira, sur l'inculpé, tous les objets paraissant avoir une origine suspecte, notamment..... (énoncer les pièces à conviction dont l'inculpé est présumé porteur).

Fait à , le.....

Bel.

EXTRACTION D'UN PRISONNIER.

ᵉ CORPS D'ARMÉE. — FORCE PUBLIQUE.

ᵉ DIVISION D'INFANTERIE. — CANTONNEMENT DE

Réquisitoire.

Le brigadier de service à la prison de la division est requis d'extraire et de remettre au sieur Durand, gendarme, attaché à la force publique, le nommé Horster (Charles), pour être conduit devant nous à l'effet de faire sa déclaration sur les faits relatifs au nommé Pierre (Louis), soldat de 2ᵉ classe au ᵉ d'infanterie, inculpé de viol.

Le sieur Durand est personnellement responsable du sus-nommé jusqu'à sa réintégration dans la maison d'arrêt.

A , le 5 octobre 1884.

Le Maréchal des logis de gendarmerie, officier de police judiciaire militaire,

Claude.

Ce réquisitoire ou ordonnance d'extraction reste entre les mains de la personne requise, et est rendu, après la réintégration du témoin, à l'officier de police judiciaire qui l'a décerné.

EXTRACTION D'UN TÉMOIN MALADE.

e CORPS D'ARMÉE. — e DIVISION D'INFANTERIE.

FORCE PUBLIQUE. — CANTONNEMENT D

Réquisitoire.

Le brigadier de gendarmerie de service à l'hospice de est prié, et requis au besoin, de remettre au sieur DURAND, gendarme, attaché à la force publique et porteur du présent réquisitoire, le nommé DUVAL (Octave), pour être entendu comme témoin dans l'affaire du nommé PIERRE (Louis), soldat de 2e classe au e régiment d'infanterie de ligne, inculpé de viol.

A , le 5 octobre 1884.

Le Maréchal des logis de gendarmerie, officier de police judiciaire militaire,

CLAUDE.

Les témoins extraits de l'hospice ou de la prison doivent être cités régulièrement par l'officier de police judiciaire lorsqu'il agit en vertu d'une commission rogatoire; dans tous les autres cas, ce magistrat ne peut recevoir que les déclarations des personnes présentes lorsqu'il arrive sur les lieux du crime ou du délit; quant aux témoins qui ne sont plus présents, il ne peut que les inviter à venir déposer.

RÉQUISITOIRE POUR DEMANDER MAIN-FORTE.

e CORPS D'ARMÉE. — PRÉVÔTÉ DE

CANTONNEMENT D

De par la loi,

Nous, SAUVAGE (Louis), chef d'escadron de gendarmerie, commandant la prévôté du e corps d'armée, officier de police judiciaire militaire, agissant aux termes de l'article 86 du Code de justice militaire,

Vu l'article 522 du décret du 24 juillet 1875,

Prions et requérons, au besoin, monsieur le colonel commandant le e régiment de ligne de mettre à notre disposition pour dix heures du soir, à........ (indiquer l'endroit de réunion), un détachement de dix hommes pour nous prêter main-forte dans une opération que nous allons exécuter cette nuit.

Fait à , le 189 .

SAUVAGE.

PROCÈS-VERBAL D'INTERROGATOIRE.

e CORPS D'ARMÉE.

FORCE PUBLIQUE.

Article 101 du Code de justice militaire.

Formule n° 5.

e DIVISION D'INFANTERIE.

CANTONNEMENT

L'an mil huit cent quatre-vingt , le , à heure
Nous , capitaine de gendarmerie, commandant la force publique de la e division d'infanterie, du e corps d'armée, officier de police judiciaire militaire, aux termes de l'article 84 du Code de justice militaire, assisté du sieur , greffier, qui a prêté serment d'en bien et fidèlement remplir les fonctions, informant contre le sieur , inculpé de , l'avons fait amener devant nous et l'avons interrogé ainsi qu'il suit :

Interpellé de déclarer (nom, prénoms, âge, lieu de naissance, état, profession et domicile), a répondu se nommer.....

PROCÈS-VERBAL D'INFORMATION.

e CORPS D'ARMÉE.

FORCE PUBLIQUE.

Articles 86 et 102 du Code de justice militaire.

Formule n° 6.

e DIVISION D'INFANTERIE.

CANTONNEMENT D

L'an mil huit cent quatre-vingt , le , à heure .
Devant nous , capitaine de gendarmerie, commandant la force publique de la e division d'infanterie, du e corps d'armée officier de police judiciaire militaire, aux termes de l'article 84 du Code de justice militaire, assisté du sieur greffier, qui a prêté serment d'en bien et fidèlement remplir les fonctions, informant contre le sieur , inculpé de (ou, agissant en vertu d'une commission rogatoire à nous adressée par le commissaire rapporteur près le conseil de guerre de la division) a comparu (en vertu de notre cédule du) le témoin ci-après nommé, lequel, hors de la présence d inculpé et des autres témoins, après avoir représenté la citation à lui donnée, avoir prêté serment de dire toute la vérité, rien que la vérité, et, interrogé par nous sur ses nom, prénoms, âge, état, profession et demeure, s'il est domestique, parent ou allié des parties, à quel degré,

A répondu se nommer.....

CHAPITRE III.

DES FONCTIONS PRÉVÔTALES.

Compétence des officiers prévôtaux.

Art. 151. La juridiction prévôtale commence au moment où l'armée opère sur le territoire étranger (justice militaire, art. 51.)

Le grand prévôt exerce sa juridiction, soit par lui-même, soit par les prévôts et les commandants de forces publiques, sur tout le territoire occupé par l'armée et sur les flancs et derrières de l'armée.

Chaque prévôt, chaque commandant de force publique exerce sa juridiction dans l'arrondissement de la fraction de l'armée à laquelle il est attaché. (Art. 52 du Code de justice militaire.)

Composition des tribunaux prévôtaux.

Art. 152. Les officiers prévôtaux jugent seuls assistés d'un greffier, qu'ils choisissent parmi les sous-officiers et brigadiers de gendarmerie.

En entrant en fonctions auprès des officiers qui les emploient, les greffiers prêtent serment de bien et fidèlement remplir leurs fonctions.

Les tribunaux prévôtaux s'établissent partout où ils se trouvent, même dans les champs ; il suffit qu'il y ait un délinquant à juger.

Procédure des prévôtés.

Art. 153. La procédure préliminaire à suivre devant les prévôtés est réglée par l'article 173 du Code de justice militaire ainsi conçu :

« Les prévôtés sont saisies par le renvoi que leur fait l'autorité militaire ou par la plainte de la partie lésée.

» Dans le cas de flagrant délit, ou même en cas d'urgence, elles peuvent procéder d'office ».

Ces mots « l'autorité militaire » ne doivent pas être pris dans un sens limitatif. Le législateur a voulu que les plaintes ou dénonciations pussent arriver au prévôt le plus facilement et le plus rapidement possible.

La désignation *d'autorité militaire* s'applique donc non seulement au général commandant, mais aussi à son chef d'état-major, à tout officier général, à tout chef de corps ou de détachement, à tout officier sans troupe, pourvu qu'il appartienne à un état-major, ou se trouve chargé d'une mission particulière ou d'un poste spécial, à tout membre de l'intendance, tout officier d'administration, tout membre du corps médical employé aux ambulances ou aux hôpitaux, tout aumônier, toute sauvegarde, tout employé des postes ou du Trésor. Il suffit que les personnes indiquées à la présente nomenclature envoient à la prévôté de leur corps d'armée ou de leur division, leur dénonciation ou plainte, datée et signée, avec le délinquant, ou donnant son signalement s'il est en fuite.

Par « partie lésée » on doit entendre toutes les personnes (même celles indiquées ci-dessus), qui ont à se plaindre d'un dommage quelconque causé par un individu justiciable des prévôtés.

Débats et jugement.

Art. 154. Les prévôtés (1) jugent publiquement et contradictoirement; elles ne peuvent rendre de jugement par défaut.

Si donc l'inculpé n'est pas présent, le juge prévôtal le fait rechercher et amener; il décerne au besoin un mandat d'amener contre lui.

Les témoins sont cités autant que possible régulièrement; s'ils n'obéissent à la citation, ils sont amenés par voie coërcitive.

L'inculpé et les témoins étant présents, le juge prévôtal, assisté de son greffier, ouvre la séance et constate tout d'abord l'identité du prévenu; à cet effet il lui demande ses nom, prénoms, âge, profession, lieu de naissance et domicile. Puis, après lui avoir donné succinctement connaissance de l'accusation portée contre lui, il fait éloigner les témoins afin qu'ils ne puissent, jusqu'après leur audition, savoir ce qui se passe et se dit à l'audience.

Les témoins éloignés, la partie lésée expose sa plainte. Le juge prévôtal réprime, s'il y a lieu, les écarts de langage de celui qui accuse et empêche tout colloque entre lui et le prévenu.

Lorsque le plaignant a terminé, le juge prévôtal donne la parole au prévenu pour qu'il soit entendu dans ses explications.

Il est ensuite procédé à l'audition des témoins en commençant par les témoins à charge que le plaignant a désignés, et en terminant, s'il y a lieu, par ceux à décharge que le prévenu a amenés.

Les témoins doivent être entendus séparément; avant qu'ils commencent leur déposition, le juge prévôtal leur fait lever la main droite et prononce la formule suivante: « Vous jurez de parler sans haine et sans crainte, de dire toute la vérité et rien que la vérité. » Le témoin doit alors répondre : « Je le jure ». Après qu'il a baissé la main, le prévôt lui demande ses nom et prénoms, âge, profession, lieu de naissance et domicile, s'il connaissait le prévenu avant le fait qui lui est reproché, s'il est son parent, son allié, s'ils ne sont pas attachés au service l'un de l'autre. Puis il l'invite à exposer les faits dont il a été témoin.

La déposition terminée, le juge prévôtal demande au prévenu s'il a des observations ou des explications à fournir au sujet de ce

(1) Les prévôtés n'ont pas de siège proprement dit; ce sont des juridictions de pied levé. Elles statuent sur le lieu même où elles trouvent un coupable, pourvu qu'elles ne sortent pas des limites de leur juridiction. (*Foucher.*)

qui vient d'être dit par le témoin; on passe alors au second témoin et ainsi de suite.

Chaque témoin, après sa déposition, peut rester dans l'auditoire.

Le juge prévôtal reçoit, s'il le croit utile à la manifestation de la vérité, mais sans prestation de serment, les dépositions des ascendants du prévenu, de ses descendants, de ses frères et sœurs, de ses alliés au même degré, de son conjoint.

Dans le cas où le prévenu, les témoins ou l'un d'eux ne parleraient pas la même langue, le prévôt nomme d'office un interprète, âgé de 21 ans au moins, et lui fait prêter serment de traduire fidèlement les déclarations à transmettre des uns aux autres.

S'il y a des pièces à conviction, le prévôt les représente tant au prévenu qu'à ceux des témoins pour lesquels l'accomplissement de cette formalité est utile dans l'intérêt de la manifestation de la vérité.

L'audition des témoins terminée, le prévenu est entendu dans ses moyens de défense, qui peuvent être présentés par un tiers. Puis le juge prévôtal, ayant déclaré que les débats sont clos, prononce son jugement en le motivant; la minute en est signée, séance tenante, par lui et le greffier.

Quand il y a plusieurs prévenus, ils sont amenés ensemble à l'audience; le juge prévôtal détermine celui qui doit être soumis le premier aux débats en commençant par le principal prévenu, il y a ensuite un débat particulier pour chacun des autres accusés.

Incidents d'audience.

Art. 155. Les assistants sont sans armes; ils doivent se tenir découverts, dans le respect et dans le silence.

Lorsque les assistants donnent des signes d'approbation ou d'improbation, le juge prévôtal les fait expulser; s'ils résistent à ses ordres, il ordonne leur arrestation. S'ils sont ses justiciables, leur détention ne peut pas excéder quinze jours; si les délinquants ne sont pas justiciables des prévôtés, le juge prévôtal les fait déposer en prison, à la disposition du général commandant, auquel il adresse le procès-verbal constatant les faits.

Si les assistants ou témoins se rendent coupables des faits prévus par le 2e et le 3e paragraphes de l'article 115 du Code de justice militaire, le juge prévôtal les fait arrêter et déposer en prison où ils restent à la disposition du général commandant la division auquel il adresse le procès-verbal constatant les faits.

Si l'inculpé refuse de répondre, le juge prévôtal passe outre aux débats; il en est de même si des témoins ne peuvent être trouvés et si le juge prévôtal reconnaît sa religion suffisamment éclairée.

Si l'inculpé, pendant les débats, se rend coupable d'un des faits prévus par l'article 119 du Code de justice militaire, le juge le constate par un procès-verbal qu'il adresse ensuite au général qui a le droit de donner l'ordre d'informer et à la disposition de qui il met l'inculpé. La prévôté n'en rend pas moins son jugement sur le fait pour lequel l'inculpé a été traduit devant elle.

Exécution des jugements.

Art. 156. Les jugements prévôtaux sont sans appel; ils ne sont susceptibles d'aucun recours.

Une fois le jugement rendu, si le prévôt a négligé de statuer sur les dommages-intérêts réclamés par la partie lésée, il ne peut y être pourvu par un second jugement.

Les jugements prévôtaux sont exécutoires sur minute. Si l'inculpé est reconnu non coupable, il est rendu immédiatement à la liberté. S'il est condamné à l'amende et à la prison, il est mis en demeure de verser l'amende à laquelle il a été condamné, puis, sur le vu de la minute du jugement, il est déposé à la prison du quartier général pour y subir sa peine. Enfin, le grand prévôt ou prévôt ne néglige rien pour que les dommages-intérêts alloués à la partie lésée lui soient payés.

Un registre modèle n° 16 est affecté à l'inscription des amendes touchées par les juges prévôtaux et des versements faits par eux au grand prévôt.

Sommes reçues du Trésor et versements faits au Trésor par le grand prévôt.

Art. 157. Le grand prévôt reçoit du commandement les sommes qui peuvent lui être nécessaires pour les besoins de son service, sauf à rendre compte au général en chef de l'emploi des sommes touchées.

Un registre n° 17 est affecté à l'inscription des versements que le grand prévôt fait au Trésor et des sommes qu'il en reçoit, sur l'ordre du commandement, pour les besoins de son service.

Frais.

Art. 158. Les prévôts ne pouvant condamner aux frais, il est essentiel que le juge tienne compte, dans le montant de l'amende, des frais causés par la comparution des témoins, l'emploi d'un interprète, etc., etc.

Extraits de jugement.

Art. 159. Les officiers prévôtaux envoient au Ministre de la guerre les extraits de jugements, au fur et à mesure qu'ils sont rendus.

Ces extraits sont destinés aux procureurs de la République, du domicile des condamnés.

Art. 160. NOMENCLATURE DES PRINCIPALES INFRACTIONS RELEVANT DES TRIBUNAUX PRÉVOTAUX.

CONTRAVENTIONS.

Abandon de chevaux et voitures. — (Art. 2, § 2, n° 5 et art. 5 de la loi du 30 mai 1851. Art. 14 du décret du 10 août 1852.)

Animaux domestiques maltraités. — (Loi du 2 juillet 1850.)

Bruit et tapage nocturne. — (C. P., art. 479, n° 6.)

Cafés ou cabarets ouverts après l'heure fixée pour la fermeture.

Charretier ne se rangeant pas à droite et ne cédant pas la moitié de la chaussée. (Art. 2, § 2, n° 5 et art. 5 de la loi du 30 mai 1851, art. 10 du décret du 10 août 1852.)

Charretier ne se trouvant pas à portée de ses chevaux pour les guider ou défaut de guides (*idem.*)

Embarras de la voie publique. — (C. P., art. 471, n° 4.)

Ivresse. — Loi du 23 janvier 1873.

Jet de choses pouvant nuire par leur chute ou leurs exhalaisons. (C. P., art. 475, n° 6.)

Jet volontaire de corps durs ou d'immondices. (C. P., art. 475, n° 8.)

Jeu de hasard dans un lieu public. (C. P., art. 475, n° 5.)

Larcin de fruits cueillis et mangés sur les lieux. (C. P., art. 471, n° 9.)

Passage d'hommes sur le terrain d'autrui préparé ou ensemencé. (C. P., art. 471, n° 13.)

Passage de bestiaux ou autres animaux avant l'enlèvement de la récolte. (C. P., art. 471, n° 14.)

Passage d'hommes sur le terrain chargé de récoltes. (C. P., art. 475, n° 9.)

Passage avec bestiaux ou animaux. (C. P., art. 475, n° 10.)

Poids et mesures non poinçonnés. (C. P., art. 479, n° 6.)

Refus de monnaie ayant cours. (C. P., art. 475, n° 11.)

Registres d'hôtelier (défaut de tenue des). (C. P., art. 475, n° 2.)

Rues (défaut de balayage des). (C. P., art. 471, n° 4.)

Secours (refus de prêter) en cas de sinistre, de pillage, de flagrant délit, d'arrestation judiciaire. (C. P., art. 475, n° 12.)

Vol de récoltes et autres productions utiles de la terre non détachées du sol. (C. P., art. 475, n° 15.)

Délits.

Animaux domestiques blessés ou tués volontairement. (C. P., art. 453, 454, 475 et 479, n°s 1 et 2.)

Animaux infectés de maladies contagieuses. (C. P., art. 459 et 460.)

Arbres abattus ou mutilés. (C. P., art. 445 et 455.)

Blessures et coups involontaires. (C. P., art. 320.)

Chasse. — (Loi du 3 mai 1844). La plupart des infractions à cette loi sont des délits susceptibles d'être jugés par les tribunaux prévôtaux.

Coupe de grains ou fourrage en vert appartenant à autrui. (C. P., art. 449, 450 et 455.)

Destruction de clôtures. — (C. P., art. 456.)

Dévastation de récoltes. — (C. P., art. 444.)

Falsification des denrées alimentaires et des boissons. (Loi des 27 mars 1851 et 3 mai 1855.)

Maraudage. — (C. P., art. 388, 471, 474, 475 et 478.)

Menaces. — (C. P., art. 260.)

Outrage par paroles, gestes ou menaces à tout agent de la force publique. (C. P., art. 224.)

Outrage par paroles, gestes ou menaces à un commandant de la force publique. (C. P., art. 225.)

Pêche. — (Loi du 5 avril 1829). La plupart des infractions à cette loi peuvent être jugées par les prévôtés.

Vagabonds. — (C. P., art. 271.)

Violation de domicile. — (C. P., art. 184.)

Voies de fait. — (C. P., art. 260.)

CHAPITRE IV.

MODÈLES DE FORMULES.

Art. 161. Les formules employées le plus habituellement par les juges prévôtaux sont les suivantes :

MANDAT D'AMENER.

e CORPS D'ARMÉE. — e DIVISION D'INFANTERIE.

Nous, DE CHAPTAL, capitaine commandant la force publique de la e division d'infanterie, requérons la gendarmerie, ou tous autres agents de la force publique, d'amener par-devant nous, à notre tribunal, conformément à l'article 174 du Code de justice militaire, le nommé VILLIOT (Jean-Henri), cantinier à la suite de la e division d'infanterie, pour *y répondre aux inculpations portées contre lui.*

Donné à , le 4 octobre 1884.

DE CHAPTAL.

NOTA. Les gendarmes porteurs de cet ordre, après l'avoir exhibé à celui qui en fait l'objet, le conduisent immédiatement devant le tribunal de la prévôté. Cette formule peut également servir pour un témoin récalcitrant, en remplaçant les mots soulignés par : « y déposer sur les faits relatifs à l'inculpé. .... le témoin n'ayant pas répondu à la citation qui lui a été signifiée ».

CÉDULE.

CÉDULE.

Art. 174 du Code de justice militaire.

La présente devra être rapportée en venant déposer.

e CORPS D'ARMÉE. e DIVISION D'INFANTERIE.

Nous, DE CHAPTAL, capitaine commandant la force publique de la e division d'infanterie, requérons la nommée BARBIER (Sophie, femme GOSSET), marchande de comestibles à la suite de l'armée, de comparaître par-devant nous, à , le 5 octobre 1884, à dix heures du matin, pour y déposer en personne sur les faits relatifs au nommé VILLIOT (Jean-Henri), cantinier.

Le témoin requis est prévenu que faute par lui de se conformer à la présente assignation, il y sera contraint par les voies de droit.

Donné à , le 4 octobre 1884.

DE CHAPTAL.

Signification.—L'an mil huit cent quatre-vingt-quatre, le quatre octobre, à dix heures du matin, à la requête de M. le capitaine commandant la force publique de la e division d'infanterie du e corps d'armée, nous, soussigné, avons signifié la cédule ci-dessus à la dame BARBIER, femme GOSSET, en son domicile à , ou au camp de la e division du e corps, parlant à sa personne ou à la nommée...... (la personne à laquelle la citation est remise), qui nous a dit la représenter, ainsi déclarée, et, à ce qu'elle n'en ignore, nous lui avons laissé la présente, dont acte.

A , les jour, mois et an que dessus.

BARBIER, *gendarme,*

Faisant partie de la force publique du e corps d'armée.

JUGEMENT.

e CORPS D'ARMÉE.

e DIVISION D'INFANTERIE.

Articles 75, 173 et 174 du Code de justice militaire.

PRÉVOTÉ DU QUARTIER GÉNÉRAL.

AU NOM DU PEUPLE FRANÇAIS,

Le tribunal de la prévôté du quartier général de la e division d'infanterie du e corps d'armée a rendu le jugement dont la teneur suit :

L'an mil huit cent quatre-vingt-quatre, le quatre octobre, le tribunal tenant audience publique à , conformément aux articles 75, 173 et 174 du Code de justice militaire, à l'effet de juger les nommés : 1° CERNAY (Jules-Joseph), âgé de quarante ans, profession de domestique, domicilié en dernier lieu à Paris (Seine), aujourd'hui au service de M. le général Février, commandant en chef le e corps d'armée; 2° MEYER (Louis), âgé de vingt ans, profession de marchand de vins, domicilié en dernier lieu à

Melun (Seine-et-Marne), aujourd'hui à la suite du e corps d'armée; 3° Coulomb (Eugénie), âgée de vingt-cinq ans, blanchisseuse, domiciliée en dernier lieu à Corbeil (Seine-et-Oise), à la suite de l'armée, sans y être autorisée, inculpés d'outrages par paroles envers un commandant de la force publique; lesquels ont été amenés libres et sans fers; après avoir fait donner lecture, par le sieur Lavault, maréchal des logis de gendarmerie, greffier, des procès-verbaux, plainte et rapport, après l'exposé fait par la partie plaignante de sa demande, après l'appel des témoins, la prestation de serment prescrite par l'article 127 du Code et leur audition, après avoir entendu les prévenus en leur défense.

Jugeant en dernier ressort, attendu (1) que le vingt septembre, à onze heures du soir, Cernay, Meyer et la fille Colomb, se trouvant dans un cabaret à , tous trois en état d'ivresse, et par suite cherchant querelle aux autres consommateurs, le brigadier Pianu, accompagné des gendarmes Ledoux et Gouin, ayant voulu les faire sortir, ils l'ont grossièrement injurié, le traitant d'imbécile, de propre à rien, de cochon; attendu que ce fait constitue (2) un délit prévu et puni par l'article 225 du Code pénal; pour ces motifs (3) condamne les nommés Cernay (Jules Joseph), Meyer (Louis), Coulomb (Eugénie), chacun en un mois de prison; ordonne, en outre, que la fille Coulomb (Eugénie), n'étant pas autorisée à suivre l'armée, en sera expulsée à l'expiration de sa peine.

Fait et jugé en séance publique à , les jour, mois et an que dessus. En foi de quoi le présent jugement, exécutoire sur minute, a été signé par le commandant de la force publique et par le greffier.

Le Commandant de la force publique,	*Le Greffier,*
De Chaptal.	Lavault.

En conséquence, le Président de la République française mande et ordonne à tous huissiers sur ce requis de mettre ledit jugement à exécution; aux procureurs généraux et aux procureurs près les tribunaux de première instance d'y tenir la main; à tous commandants et officiers de la force publique, de prêter main-forte lorsqu'ils en seront légalement requis.

---

(1) Spécifier les faits incriminés; s'il y a des dommages-intérêts, indiquer les conclusions prises par la partie civile.

(2) Spécifier la contravention ou le délit et les articles de loi ou règlements applicables.

(3) Condamne ou acquitte. Statuer en outre sur la demande des dommages-intérêts, s'il y a lieu.

JUGEMENT. PREVOTÉ DE LA • DIVISION.

CORPS D'ARMÉE.

DIVISION D'INFANTERIE.

Articles 75, 173 et 174 du Code de justice militaire.

AU NOM DU PEUPLE FRANÇAIS,

Le tribunal de la prévôté de la ° division d'infanterie du ° corps d'armée a rendu le jugement dont la teneur suit :

L'an mil huit cent quatre-vingt-quatre, le quatre octobre, le tribunal tenant audience publique à , conformément aux articles 75, 173 et 174 du Code de justice militaire, à l'effet de juger le nommé VILLIOT (Jean-Henri), âgé de quarante ans, profession de cantinier, domicilié en dernier lieu à Grenoble (Isère), aujourd'hui à la suite du ° corps d'armée, inculpé d'avoir, par la rapidité et la mauvaise direction donnée à sa voiture, occasionné la mort d'un cheval appartenant à autrui, la dame Sophie BARBIER femme GOSSET, marchande de comestibles à la suite de l'armée, dûment autorisée par le grand prévôt à exercer sa profession; lequel a été amené libre et sans fers. Après avoir fait donner lecture, par le sieur Masson, maréchal des logis de gendarmerie, greffier, des procès-verbaux, plainte et rapport, après l'exposé fait par la partie plaignante de sa demande, après l'appel des témoins, la prestation de serment prescrite par l'article 128 du Code, et leur audition; après avoir entendu le prévenu en sa défense;

Jugeant en dernier ressort, attendu (1) que ledit jour, quatre octobre, vers dix heures du matin, VILLIOT, conduisant sa voiture au galop sur la route de à , a atteint d'un coup de brancard dans le poitrail le cheval de la dame GOSSET, qui, suivant la même route, mais dans le sens opposé, n'a eu le temps ni la possibilité de se ranger, et que, par suite, l'animal étant mort, la dame GOSSET conclut à cent cinquante francs de dommages-intérêts; attendu que ce fait constitue (2) une contravention prévue et punie par le deuxième paragraphe de l'article 479 du Code pénal; faisant application dudit article, combiné avec les articles 75 et 271 du Code de justice militaire; par ces motifs (3), condamne le nommé VILLIOT (Jean-Henri) à quinze jours de prison et quinze francs d'amende; le condamne, en outre, à payer à la dame Sophie BARBIER, femme GOSSET, cent cinquante francs de dommages-intérêts.

Fait et jugé en séance publique à , les jour, mois et an que dessus. En foi de quoi le présent jugement, exécutoire sur minute, a été signé par le commandant de la force publique et par le greffier.

Le Commandant de la force publique, DE CHAPTAL.

Le Greffier, MASSON.

En conséquence, le Président de la République française mande et ordonne à tous huissiers sur ce requis de mettre ledit jugement à exécution; aux procureurs généraux et aux procureurs près les tribunaux de première instance, d'y tenir la main; à tous commandants et officiers de la force publique de prêter main-forte, lorsqu'ils en seront légalement requis.

(1) Spécifier les faits incriminés; s'il y a des dommages-intérêts, indiquer les conclusions prises par la partie civile.

(2) Spécifier la contravention ou le délit et les articles de loi ou règlements applicables.

(3) Condamne ou acquitte. Statuer, en outre, sur la demande des dommages intérêts, s'il y a lieu.

JUGEMENT.

° CORPS D'ARMÉE.

° DIVISION D'INFANTERIE.

Articles 75, 173 et 174 du Code de justice militaire.

PRÉVOTÉ DU ° CORPS D'ARMÉE

AU NOM DU PEUPLE FRANÇAIS,

Le tribunal de la prévôté du ° corps d'armée a rendu le jugement dont la teneur suit :

L'an mil huit cent quatre-vingt-quatre, le quatre octobre, le tribunal, tenant audience publique à , conformément aux articles 75, 173 et 174 du Code de justice militaire, à l'effet de juger le nommé BERJAUD (Nicolas), âgé de quarante ans, profession de vivandier, domicilié, en dernier lieu, à Boissy-Saint-Léger (Seine-et-Oise), aujourd'hui vivandier autorisé à la suite du ° corps d'armée, inculpé d'avoir, à notre audience de ce jour, ayant donné des signes d'improbation, résisté à l'ordre donné, par nous, de sortir de la salle d'audience, ce qui nous a mis dans la nécessité de le faire expulser, et, en raison de sa résistance, de le faire arrêter, lequel a été amené libre et sans fers. Après avoir fait donner lecture par le sieur LAVAULT, maréchal des logis de gendarmerie, greffier, des procès-verbaux, plainte et rapport; après l'exposé fait par la partie plaignante de sa demande ; après l'appel des témoins, la prestation de serment prescrite par l'article 127 du Code, et leur audition ; après avoir entendu le prévenu en sa défense :

Jugeant en dernier ressort, attendu (1) que, cejourd'hui même, heure de midi, BERJAUD, assistant à notre audience, ayant donné des signes d'improbation, nous lui avons donné l'ordre de sortir, ordre auquel il a résisté, ce qui nous a mis dans la nécessité de le faire expulser, puis arrêter en raison de la résistance qu'il opposait; attendu que ce fait (2) est puni par l'article 215 du Code de justice militaire ; par ces motifs (3), condamne le nommé BERJAUD (Nicolas) à quinze jours de prison.

Fait et jugé en séance publique, à , les jour, mois et an que dessus. En foi de quoi le présent jugement, exécutoire sur minute, a été signé par le commandant de la force publique et par le greffier.

Le Commandant de la force publique,
DE CHAPTAL.

Le Greffier,
LAVAULT.

En conséquence, le Président de la République française mande et ordonne à tous huissiers, sur ce requis, de mettre ledit jugement à exécution, aux procureurs généraux et aux procureurs près les tribunaux de première instance d'y tenir la main ; à tous commandants et officiers de la force publique, de prêter main-forte lorsqu'ils en seront légalement requis.

---

(1) Spécifier les faits incriminés; s'il y a des dommages-intérêts, indiquer les conclusions prises par la partie civile.

(2) Spécifier la contravention ou le délit et les articles de la loi ou règlements applicables.

(1) Condamne ou acquitte. Statuer, en outre, sur la demande des dommages-intérêts. s'il y a lieu.

Nota. — Les jugements de cette nature ne peuvent être rendus que contre des individus justiciables des prévôtés désignés à l'article 75 du Code de justice militaire.

Les individus nos justiciables des prévôtés sont mis à la disposition du général commandant la division, avec un procès-verbal rédigé, séance tenante, par le grand prévôt ou prévôt, assisté de son greffier, lequel procès-verbal constate les faits reprochés à l'inculpé ou aux inculpés. S'il y a plusieurs inculpés, dont les uns se trouvent justiciables des conseils de guerre, et les autres de la prévôté, le grand prévôt ou prévôt juge ces derniers et renvoie les autres à la disposition du général commandant la division, ainsi qu'il est dit au paragraphe précédent.

---

e CORPS D'ARMÉE.

e DIVISION D'INFANTERIE.

PRÉVOTÉ.

Cantonnement de

RENSEIGNEMENTS.

Célibataire
Marié
Veuf
Nombre d'enfants

Signes particuliers.

EXTRAIT DU JUGEMENT.

(1)
Fils de
et de
âgé de ans, étant né le
à , arrondissement d
département d
profession
demeurant à , arrondissement d

a été condamné par jugement du tribunal de la prévôté, de la e division d'infanterie, à la peine de
pour

par application des articles

Le Juge prévôtal,

Timbre du Tribunal.

Pour extrait conforme délivré
le 18 .

Le Greffier,

Vu : *Le Prévot du e corps.*

(1) Nom et prénoms.

CHAPITRE V.

Constitution des archives des officiers prévôtaux.

Art. 162. Les archives des officiers prévôtaux ne comprennent que des registres, imprimés et documents dont le nombre est indépendant des variations d'effectif que peuvent subir les diverses unités prévôtales.

Le tableau ci-après donne la composition de ces archives :

Archives du service judiciaire.

REGISTRES, IMPRIMÉS, DOCUMENTS. 1	Prévôté d'un grand quartier général des armées. 2	Prévôté d'un quartier général d'armée. 3	Force publique des commandements d'étape d'une armée. 4	Prévôté du quartier général d'un corps d'armée. 5	Vaguemestre du quartier général d'un corps d'armée. 6	Force publique d'une division d'infanterie. 7	Force publique d'une division de cavalerie indépendante. 8	Force publique d'une brigade de cavalerie de corps d'armée. 9	Force publique d'une brigade opérant isolément. 10	OBSERVATIONS. 11
REGISTRES.										
Registre modèle n° 16 des amendes perçues par les juges prévôtaux.....	1	1	1	1	1	1	1	»	1	(a) Un seul registre pour le prévôt et son vaguemestre.
Carnet des versements faits au Trésor par le grand prévôt et des sommes touchées par lui. (Mod. n° 17.)......	»	1	»	»	»	»	»	»	»	
Registre pour l'inscription des jugements prévôtaux (formule n° 27 du Code de justice militaire)...........	1	1 (a)	1	1 (a)	»	1	1	»	1	
IMPRIMÉS.										
Imprimés de jugement. — Formule n° 27 du Code de justice militaire...	20	50	50	50	50	50	30	»	50	
Cédules (témoins). — Formule n° 26 (Prévôté).	40	100	100	100	100	100	60	»	100	
Cédules (témoins). — Formule n° 2 (Témoins militaires)..........	20	50	50	50	50	50	30	20	50	
Cédules (témoins). — Formule n° 2 *bis* (Témoins civils).........	20	50	50	50	50	50	30	20	50	
Signification de cédules. — Formule n° 26 (Prévôté).	40	100	100	100	100	100	60	»	100	
Signification de cédules. — Formule n° 2 (Témoins militaires).........	20	50	50	50	50	50	30	20	50	
Signification de cédules. — Formule n° 2 *bis* (Témoins civils).........	20	50	50	50	50	50	30	20	50	
Signification de cédules. — Formule n° 2 *ter* (Témoins militaires réunis).................	10	20	20	20	20	20	15	10	20	
Formules de mandat d'amener........	15	40	40	40	40	40	25	10	40	
Procès-verbaux d'interrogatoire (formule n° 5).........................	20	50	50	50	50	50	30	20	50	
Procès-verbaux d'information (formule n° 6)...............................	80	150	150	150	150	150	100	40	150	
Procès-verbaux à l'usage des gendarmes. (Mod. n° 34 du décret du 1er mars 1854.)......................	80	200	200	200	200	200	150	60	200	
DOCUMENTS.										
Code de justice militaire, augmenté des annexes approuvées par décision ministérielle du 17 mai 1876, et des décrets et circulaires parus depuis cette époque..............................	1	1	1	1	1	1	1	1	1	
Code d'instruction criminelle..........	1	1	1	1	1	1	1	1	1	
Code pénal.............................	1	1	1	1	1	1	1	1	1	
La police judiciaire militaire, par Loyer.	1	1	1	1	1	1	1	1	1	
Timbre du tribunal prévôtal avec sa boîte à tampon.....................	1	1	1	1	1	1	1	»	1	

Les formules de cédules (nos 2 et 2 *bis*), les formules de signification (nos 2, 2 *bis* et 2 *ter*), les procès-verbaux d'interrogatoire et d'information (nos 5 et 6) ont été établis pour les rapporteurs près les conseils de guerre ; on leur fera subir, au moment du besoin, les modifications nécessaires pour qu'ils s'appliquent aux officiers de police judiciaire militaire de la gendarmerie.

Approvisionnement de registres, d'imprimés et de documents nécessaires pour le fonctionnement du service judiciaire de la gendarmerie.

Art. 163. La compagnie du chef-lieu du corps d'armée régional est chargée de faire, dès le temps de paix, suivant les indications du tableau qui précède, l'achat des registres, imprimés et documents nécessaires aux chefs des diverses prévôtés et forces publiques, y compris le grand prévôt, s'il se mobilise dans la région, pour le fonctionnement du service judiciaire qui leur incombe.

La dépense, imputée provisoirement aux fonds divers, en ce qui concerne les registres et imprimés, est ensuite remboursée par les parties prenantes auxquelles les registres et imprimés sont destinés sur les frais de bureau qui leur sont alloués.

Quant à l'achat des documents, il est supporté, sous forme de quote-part, par les masses d'entretien et de remonte des compagnies de la région qui remboursent l'avance faite par la compagnie du chef-lieu.

Les registres, imprimés et documents sont, pour chaque unité prévôtale, renfermés dans la caisse à archives et remis, dès le temps de paix, au commandant de la gendarmerie du point de concentration avec un inventaire détaillé, décompté pour les registres et imprimés et arrêté par le conseil d'administration, qui en conserve une expédition dans ses archives.

Modèle n° 16

Art. 156 de l'instruction sur le service prévôtal.

Justification : 313 sur 206.

° ARMÉE. — ° CORPS.

(1)

REGISTRE

D'ENREGISTREMENT DES AMENDES PERÇUES
PAR LES JUGES PRÉVOTAUX,
ET DES VERSEMENTS FAITS PAR EUX AU GRAND PRÉVOT

Le présent registre contenant feuillets, a été coté et paraphé par nous (2)

A , le 18 .

20 feuillets.

(1) Indiquer la prévôté.
(2) Grand prévôt.

La balance des perceptions et des versements est arrêtée le 1er de chaque mois.

Les versements faits au grand prévôt sont constatés par des récépissés de ce dernier qui sont joints, comme pièces justificatives, au présent registre.

Au grand quartier général d'armée, ce registre ne sert que pour la portion de chaque feuillet affectée aux amendes perçues par le juge prévôtal.

AMENDES PERÇUES PAR LE JUGE PRÉVOTAL.				VERSEMENTS faits par le JUGE PRÉVOTAL au grand prévôt.		OBSERVATIONS.
NUMÉROS des jugements.	DATES des PAIEMENTS.	NOMS ET PRÉNOMS DES CONDAMNÉS.	MONTANT des paiements.	Date des versements.	Montant des versements.	
	189 .			189 .		
7	9 oct.	MARTIN (Henri)............	15 00			
8	13 oct.	SIMON (Paul)...............	120 00			
9	16 oct.	RENARD (Joseph)...........	10 00	16 oct.	100 00	
10	17 oct.	MÉTENIER (Isidore-Jean)....	50 00			
13	25 oct.	QUILLET (Arthur-Ernest)....	150 00			
17	2 nov.	VOILLIARD (Henri)..........	10 00			
21	15 nov.	GUYOT (Charles)...........	180 00			
22	20 nov.	DUPUY (Joseph)............	130 00			
23	26 nov.	CLERC (Ferdinand).........	120 00	25 nov.	500 00	
		TOTAUX au 1er décembre...	855 00			
		REPORT du montant des versements..................	600 00			
	1er déc.	RESTE.......	155 00			

Modèle n° 17.

Art. 157 de l'instruction sur le service prévôtal.

Justification : 313 sur 206.

e ARMÉE.

GRAND PRÉVOT

CARNET D'ENREGISTREMENT

des versements faits par le grand prévôt au Trésor et des sommes touchées par lui pour les besoins de son service.

Le présent registre contenant feuillets a été coté et paraphé par nous, grand prévôt.

A , le 18 .

12 feuillets.

La balance des recettes et des dépenses est arrêtée le premier jour de chaque mois.

Les versements opérés par le grand prévôt au Trésor sont justifiés par la signature du payeur du quartier général de l'armée. Il en est de même des sommes touchées par le grand prévôt au Trésor pour les besoins de son service.

Les versements faits par amendes par les juges prévôtaux entre les mains du grand prévôt sont appuyés de déclarations de versements qui demeurent annexées au présent carnet.

Les dépenses faites pour les besoins du service sont justifiées par des quittances signées des parties prenantes qui restent également annexées au carnet.

DATES.	DÉTAIL DES OPÉRATIONS.	RECETTES.		DÉPENSES.		SIGNATURE DU PAYEUR du quartier général d'armée.
		Sommes reçues des prévôtés pour amendes.	Sommes reçues du Trésor.	Dépenses faites pour les besoins du Trésor.	Versements opérés au Trésor.	
189 .		fr. c.	fr. c.	fr. c.	fr. c.	
2 octobre	Reçu du prévôt du 6e corps, pour montant d'amendes, la somme de mille francs.	1.000 00	»	»	»	
Id.	Reçu du prévôt du 8e corps, pour montant d'amendes, la somme de quatre cents francs	400 00	»	»	»	
20 octobre	Payé au sieur X*** pour la somme de trois cents francs......	»	»	300 00	»	
26 octobre	Versé à M. *Paulet,* payeur du quartier général de la e armée, la somme de douze cents francs.......	»	»	»	1.200 00	Paulet.
28 octobre	Reçu de la prévôté du quartier général de la e armée, la somme de deux cents francs..................	200 00	»	»	»	
	Reçu de M. *Paulet,* payeur du quartier général de la e armée, la somme de cinq cents francs.........	»	500 00	»	»	Paulet.
	Totaux des recettes et des dépenses................	2.100 00		1.500 00		
	Report des dépenses....	1.500 00				
1er nov.	BALANCE AU 1er NOVEMBRE..	600 00				

TABLE DES TITRES, CHAPITRES ET ARTICLES

TITRE PREMIER.

CHAPITRE PREMIER.

ORGANISATION DES PRÉVÔTÉS.

CHAPITRE II.

CHAPITRE III.

DOCUMENTS DONT LES COMMANDANTS DES PRÉVÔTÉS ET FORCES PUBLIQUES DOIVENT ÊTRE POURVUS CONCERNANT LE PERSONNEL SOUS LEURS ORDRES.

CHAPITRE IV

ATTRIBUTIONS DE LA GENDARMERIE AUX ARMÉES.

CHAPITRE V.

RAPPORTS DE LA GENDARMERIE AVEC L'AUTORITÉ MILITAIRE.

CHAPITRE VI.

POLICE ET MAINTIEN DE L'ORDRE.

CHAPITRE VII.

RÔLE DE LA GENDARMERIE A L'ÉGARD DES MILITAIRES.

CHAPITRE VIII.

GENDARMERIE DU SERVICE DES ÉTAPES.

CHAPITRE IX.

DES RÉQUISITIONS.

CHAPITRE X.

CHAPITRE XI.

DES PRISONS.

CHAPITRE XII.

TRANSFÈREMENTS.

CHAPITRE XIII.

SERVICE DE MARCHE.

CHAPITRE XIV.

MESURES DE POLICE ET DE SURVEILLANCE CONCERNANT LES TRAINS RÉGIMENTAIRES.

CHAPITRE XV.

SERVICE DE LA GENDARMERIE DANS LES MARCHES.

CHAPITRE XVI.

PRESCRIPTIONS DIVERSES.

CHAPITRE XVII.

TITRE II.

SERVICE JUDICIAIRE.

NOTIONS GÉNÉRALES.

CHAPITRE PREMIER.

DES FONCTIONS DE L'OFFICIER DE POLICE JUDICIAIRE MILITAIRE.

CHAPITRE II.

CHAPITRE III.

DES FONCTIONS PRÉVÔTALES.

CHAPITRE IV.

CHAPITRE V.

TABLE ALPHABÉTIQUE DES MATIÈRES

(Les chiffres renvoient aux articles du règlement).

A

B

C

D

E

F

G

H

I

J

L

M

N

O

P

R

S

T

V

ANNEXE

A L'INSTRUCTION SUR LE SERVICE PRÉVOTAL

DE LA GENDARMERIE AUX ARMÉES.

Mise en subsistance des soldats-ordonnances des officiers de gendarmerie et des conducteurs de fourgons.

Les soldats-ordonnances. pour les officiers prévôtaux, sont toujours fournis par les 5es compagnies des escadrons du train des équipages militaires.

Les grands prevôts d'armée et les prévôts de corps d'armée ont droit à deux soldats-ordonnances, tous les autres officiers prévôtaux à un seul.

Dans chaque quartier général, les soldats-ordonnances et les conducteurs de fourgons appartiennent à la catégorie des isolés et sont mis en subsistance dans une même unité administrative, s'ils n'en font déjà partie.

Ceux du service de la prévôté sont administrés directement par le détachement de la force publique.

Trains régimentaires. — Leur composition (1).

Les trains régimentaires sont, pour leur formation, leur marche et leur dislocation, sous les ordres des officiers de gendarmerie. Il est donc essentiel d'en préciser la composition.

Dans les tableaux qui suivent, les éléments qui concourent à la formation des trains régimentaires sont présentés dans leur ordre normal de marche.

1° *Train de régiment d'infanterie.*

13 voitures de vivres à deux chevaux.	1 pour l'état-major du régiment.	
	4 par bat.	2 de biscuit.
		1 de biscuit, riz, sel, sucre et café.
		1 de conserves de viande et d'avoine.

4 voitures de bagages à deux chevaux.
1 voiture d'effets à deux chevaux.
3 voitures de cantinière à deux chevaux.
Total : 21 voitures à deux chevaux.

2° *Train de bataillon de chasseurs à pied.*

4 voitures de vivres à deux chevaux....................	2 de biscuit........................	4
	1 de biscuit, riz, sel, sucre et café....	
	1 de conserves de viande et d'avoine ..	

---

(1) Les trains régimentaires transportent des vivres, des effets de remplacement et les bagages des diverses unités qui font partie de la colonne.

Les parcs-convois transportent des munitions de guerre, de l'argent, des effets d'habillement et d'armement, des malades, des prisonniers, etc. (Art. 68 et 115 du décret du 28 mai 1895 sur le service des armées en campagne.)

2 voitures de bagages et archives à 2 chevaux	2
1 voiture de cantinière à 2 chevaux	1
Total : 7 voitures à 2 chevaux	7

3° *Train d'une brigade d'infanterie.*

Le fourgon à 2 chevaux du général commandant	1	43
Le train du 1er régiment	21	
Le train du 2e régiment	21	
Total : 43 voitures à 2 chevaux		43

4° *Train du quartier général d'une division d'infanterie.*

Le fourgon à 2 chevaux du général commandant			1	10
— du chef d'état-major			1	
— de l'état-major de l'artillerie			1	
— du sous-intendant			1	
3 voitures du trésor et des postes	1 de levée de boîte à 1 cheval	1	3	
	1 fourgon à 2 chevaux pour le personnel	1		
	1 fourgon pour le transport des fonds	1		
1 fourgon à 2 deux chevaux de la prévôté			1	
2 fourgons de vivres du quartier général à 2 chevaux.	1 de vivres. 1 d'avoine.		2	

Total : 10 voitures, 9 à 2 chevaux, 1 à 1 cheval.

5° *Train du quartier général d'un corps d'armée.*

Les fourgons à 2 chevaux du général commandant le corps d'armée			2
Les fourgons à 2 chevaux de l'état-major	du chef d'état-major	2	6
	du sous-chef d'état-major	1	
	de l'archiviste	2	
	de cantinière	1	
Le fourgon à deux chevaux de l'état-major de l'artillerie	Pour le général commandant l'artillerie	1	2
	Pour les bagages, archives et cantines à vivres de l'état-major	1	
Le fourgon à 2 chevaux pour le colonel ou lieutenant-colonel commandant le génie			1
Les fourgons à 2 chevaux de la direction de l'intendance pour les archives, bagages et cantines à vivres du personnel			2
Le fourgon à 2 chevaux du sous-intendant du quartier général			1
Le fourgon à 2 chevaux de la direction du service de santé			1
1 voiture à 2 chevaux de pharmacie vétérinaire			1
Les voitures du trésor et des postes	2 levées de boîte à 1 cheval	2	6
	4 voitures à 2 chevaux. 1 de personnel	1	
	1 de transport de fonds	1	
	2 de correspondance	2	
Le fourgon à 2 chevaux du prévôt du corps d'armée			1
Les fourgons à 2 chevaux de vivres	2 de biscuit et de vivres	2	5
	3 d'avoine	3	
1 forge à 4 chevaux			1
Total : 29 voitures, dont 22 fourgons, 6 voitures de la trésorerie et des postes, 1 forge. (Sur ce nombre, il n'y a que 2 voitures à 1 cheval.)			29

CAVALERIE.

6° *Train d'un régiment de cavalerie de corps d'armée.*

12 voitures de vivres à 2 chevaux	1 de biscuit 1 de biscuit et de conserves de viande. 1 de conserves de viande, de vivres de campagne et d'avoine 9 d'avoine	12
5 voitures de bagages à 2 chevaux	1 pour l'état-major 1 pour chacun des quatre escadrons	5
2 voitures de cantinière à 2 chevaux		2
Total : 19 voitures à 2 chevaux		19

7° *Train d'une brigade de cavalerie de corps d'armée.*

Le fourgon à 2 chevaux du général commandant	1
Le train du 1er régiment	19
Le train du 2e régiment	19
Total : 39 voitures à 2 chevaux	39

Nota. — Habituellement, dans la colonne de corps d'armée, la brigade de cavalerie marche en avant, à une distance plus ou moins grande, et emmène avec elle un jour de vivres. Dans ce cas, le train de chaque régiment ne comprend plus que 13 voitures; le train de la brigade 27 voitures.

8° *Train du quartier général d'une division de cavalerie indépendante.*

Le fourgon à 2 chevaux du général commandant		1
— — du chef d'état-major		1
— — de l'intendance		1
2 voitures de la trésorerie et des postes	1 de levée de boîte à 1 cheval 1 fourgon à 2 chevaux pour fonds et bagages	2
1 voiture à 2 chevaux de vivres et avoine		1
Total : 6 voitures dont 1 à 1 cheval et 5 à 2 chevaux		6

ARTILLERIE.

9° *Train d'un groupe de batteries d'artillerie divisionnaire.*

Pour chacun des deux groupes :

9 fourgons à vivres à 2 chevaux	9
2 fourgons à bagages à deux chevaux	2
3 chariots-fourragères à 6 chevaux	3
1 voiture de cantinière à 2 chevaux	1
Total pour chaque groupe divisionnaire : 11 fourgons à 2 chevaux, 3 chariots-fourragères à 6 chevaux, 1 voiture de cantinière à 2 chevaux	15

Total général pour l'artillerie divisionnaire : 18 fourgons à vivres, 4 fourgons à bagages, 6 chariots-fourragères à 6 chevaux, 2 voitures de cantinière.

10° *Train de l'artillerie de corps* (3 *groupes*).

1° Pour chacun des deux premiers groupes (batteries montées).

2 fourgons à bagages à 2 chevaux	2	15
9 fourgons à vivres à 2 chevaux	9	
1 voiture de cantinière	1	
3 chariots-fourragères à 6 chevaux	3	

Total pour les deux premiers groupes : 4 fourgons à bagages, 18 fourgons à vivres, 2 voitures de cantinières et 6 chariots-fourragères.

2° Pour le 3e groupe (batteries à cheval) :

1 fourgon à bagages à 2 chevaux	1	11
8 fourgons à vivres à 2 chevaux	8	
2 chariots-fourragères à 6 chevaux	2	

Total général pour l'artillerie de corps : 5 fourgons à bagages, 26 fourgons à vivres, 2 voitures de cantinière, 1 fourgon à 2 chevaux pour les bagages du colonel du régiment de corps et 8 chariots-fourragères à 6 chevaux.

11° *Train de l'artillerie d'une division de cavalerie indépendante.*

UN GROUPE DE TROIS BATTERIES A CHEVAL.

Pour chaque batterie :

2 fourgons à vivres à 2 chevaux	2	4
1 fourgon à bagages à 2 chevaux	1	
1 chariot-fourragère à 6 chevaux	1	

Total pour le groupe complet :
9 fourgons à 2 chevaux, 3 chariots-fourragères.

12° *Train des sections de munitions d'infanterie et d'artillerie.*

Pour chaque section de munitions d'infanterie (1 par division d'infanterie) :

3 fourgons à 2 chevaux	1 de biscuit, de conserves de viande et de vivres de campagne 2 d'avoine	3
1 chariot-fourragère à 6 chevaux		1
		4

Pour chaque section de munitions d'artillerie (2 par division d'infanterie) :

3 fourgons à 2 chevaux	1 de biscuit, de conserves de viande et de vivres de campagne 2 d'avoine	3
1 chariot-fourragère à 6 chevaux		1
1 voiture de cantinière à 2 chevaux (pour les sections nos 4, 6 et 7 seulement		1
		5

Total pour les trois sections de munitions d'infanterie et d'artillerie d'une division :

9 fourgons à 2 chevaux de vivres	9	13
3 chariots-fourragères à 6 chevaux	3	
1 voiture de cantinière à 2 chevaux	1	

Total pour les 8 sections de munitions réunies d'un corps d'armée (2 d'infanterie, 6 d'artillerie) :

24 fourgons à 2 chevaux de vivres	24	35
8 chariots-fourragères à 6 chevaux	8	
3 voitures de cantinière à 2 chevaux	3	

GÉNIE.

13° *Train d'une compagnie divisionnaire du génie.*

2 fourgons à 2 chevaux pour les bagages, les vivres et l'avoine (soit 1 fourgon par demi-compagnie)........ 2

Train de la compagnie de réserve :

2 fourgons à 2 chevaux pour les bagages, les vivres et l'avoine.......... 2

Train du parc du génie :

1 fourgon à 2 chevaux pour les bagages, les vivres et l'avoine.......... 1

ÉQUIPAGE DE PONT.

14° *Train d'un équipage de pont.*

6 fourgons à 2 chevaux pour vivres et avoine	6	8
1 fourgon à 2 chevaux pour bagages	1	
1 chariot-fourragère à 6 chevaux	1	

15° *Ambulance du quartier général d'un corps d'armée.*

8 voitures légères d'ambulance à 1 cheval	8	26
6 voitures omnibus d'ambulance à 2 chevaux	6	
4 voitures spéciales ou techniques (chirurgie 2, administration 2, à 4 chevaux)	4	
6 fourgons d'ambulance dont 2 pour vivres et bagages	6	
2 fourgons à vivres	2	

Total : 26 voitures (8 à 1 cheval, 14 à 2 chevaux, 4 à 4 chevaux).

En outre :

20 mulets de cacolets	20
10 mulets de litière	10
1 mulet pour caisse d'outils	1
2 mulets haut-le-pied	2
	33

Total général : 26 voitures et 33 mulets.

Les divers éléments, dont la composition vient d'être donnée, concourent, par leur groupement, à la formation des trains d'ensemble qui sont commandés par les officiers de gendarmerie.

1° *Train régimentaire d'une division d'infanterie.*

Ce train est placé sous le commandement et la direction du capitaine de gendarmerie, chef de la force publique de la division.

Dans l'ordre normal de marche, les divers éléments, qui composent le train régimentaire de la division, se succèdent, suivant les indications du tableau ci-après qui donne, en même temps, le nombre de voitures et la longueur moyenne de chaque élément, ainsi que les distances moyennes existant de groupe à groupe.

DÉSIGNATION DES DIVERS ÉLÉMENTS.	NOMBRE DE VOITURES. à 1 cheval.	à 2 chevaux.	à 6 chevaux.	TOTAUX.	Longueur moyenne de chaque élément.	Distance de groupe à groupe.
					mètres.	mètres.
Gendarmerie et prisonniers à pied....	»	»	»	»	50	»
Train du quartier général de la division.	1	9	»	10	175	»
Train de la cavalerie (1 régiment) moins 1 jour de vivres à l'avant-garde.....	»	13	»	13	145	»
Train de la compagnie divisionnaire du génie	»	2	»	2	25	»
Distance..........	»	»	»	»	»	50
Train de la 1re brigade..........	»	43	»	43	480	»
Distance..........	»	»	»	»	»	50
Train de la 2e brigade..........	»	43	»	43	480	»
Distance..........	»	»	»	»	»	50
Train de l'artillerie divisionnaire......	»	24	6	30	360	»
Train de la section de munitions d'infanterie..........	»	3	1	4	50	»
Train des 2 sections de munitions d'artillerie..........	»	7	2	9	110	»
TOTAUX........	1	144	9	154	1.875	150
					2.025	

La colonne du train régimentaire de la division marche à 1,000 mètres environ en arrière de l'arrière-garde.

Lorsqu'un corps d'armée opère son mouvement sur deux routes à la fois les troupes non endivisionnées du corps, au lieu d'être réparties entre les deux divisions, peuvent marcher avec l'une des deux divisions.

La colonne du train divisionnaire compte alors deux officiers de gendarmerie : le capitaine vaguemestre du quartier général du corps d'armée auquel incombe, en principe, le commandement du train régimentaire de ce quartier général, et le capitaine commandant la force publique de la division. Si le prévôt du corps d'armée ne prend pas le commandement de la colonne, c'est le plus ancien des deux capitaines de gendarmerie qui est chargé de la direction.

Le tableau qui précède doit être alors modifié ainsi qu'il suit :

2° *Train régimentaire d'une division d'infanterie marchant avec les troupes non endivisionnées du corps d'armée.*

	NOMBRE DE VOITURES.				Longueur moyenne de chaque élément.	Distance de groupe à groupe.
	à 1 cheval.	à 2 chevaux.	à 6 chevaux.	Totaux.	mètres.	mètres.
Gendarmerie et prisonniers du quartier général du corps d'armée	»	»	»	»	50	»
Ambulance du quartier général du corps d'armée	8	14 et 33 mulets	4 spéciales à 4 ch.	26 et 33 mulets	500	»
Distance	»	»	»	»	»	50
Train régimentaire du quartier général du corps d'armée	2	26	1 forge à 4 ch.	29	400	»
Train régimentaire de la cavalerie, moins les fourgons de l'avant-garde	»	13	»	13	145	»
Train du bataillon de chasseurs.	»	7	»	7	75	»
Distance	»	»	»	»	»	100
TRAIN DE LA DIVISION. (Voir le tableau précédent moins le train de la cavalerie (145m) et celui des 3 sections de munitions.) — Gendarmerie et prisonniers	»	»	»	»	50	»
Train régimentaire du quartier général de la division	1	9	»	10	175	»
Train de la compagnie du génie	»	2	»	2	25	»
Distance	»	»	»	»	»	50
Train de la 1re brigade	»	43	»	43	480	»
Distance	»	»	»	»	»	50
Train de la 2e brigade	»	43	»	43	480	»
Distance	»	»	»	»	»	50
Train de l'artillerie divisionnaire	»	24	6	30	360	»
Distance	»	»	»	»	»	100
Train de la compagnie de réserve et du parc du génie	»	3	»	3	35	»
Train de l'artillerie de corps	»	34	8	42	520	»
Train de cinq sections de munitions (artillerie divisionnaire et artillerie de corps)	»	17	5	22	270	»
Train de l'équipage de pont	»	7	1	8	100	»
TOTAUX	11	242 et 33 mulets	25	278	3.665	400
					4.065	

3° *Train régimentaire d'un corps d'armée marchant sur une seule route.*

Ce train est placé sous le commandement et la direction du prévôt du corps d'armée, qui a sous ses ordres le capitaine vaguemestre du quartier général et les deux capitaines commandant les détachements de gendarmerie des deux divisions.

L'ordre normal de marche de ce train est donné par le tableau ci-après :

	NOMBRE DE VOITURES				Longueur moyenne de chaque élément.	Distance de groupe à groupe.
	à 1 cheval.	à 2 chevaux.	à 6 chevaux.	TOTAUX.	mètres.	mètres.
Pour mémoire : distance de l'arrière-garde à la tête du train régimentaire de corps d'armée (1,000m environ).....	»	»	»	»	»	»
Gendarmerie à pied du quartier général du corps d'armée et prisonniers..................	»	»	»	»	50	»
Ambulance du quartier général de corps d'armée...........	8	14 et 33 mulets	4 spéciales à 4 ch.	26 et 33 mulets	500	»
Distance......	»	»	»	»	»	50
Train régimentaire du quartier général du corps d'armée....	2	26	1 forge à 4 ch.	29	400	»
Train régimentaire de la cavalerie moins les fourgons de l'avant-garde..............	»	27	»	27	310	»
Train du bataillon de chasseurs.	»	7	»	7	75	»
Distance......	»	»	»	»	»	100
TRAIN DE LA 1re DIVISION (moins le train de la cavalerie (155m) et celui des deux sections de munitions (110m)).						
Gendarmerie et prisonniers...	»	»	»	»	50	»
Train régimentaire du quartier général de la division	1	9	»	10	175	»
Train de la compagnie du génie.............	»	2	»	2	25	»
Distance	»	»	»	»	»	50
Train de la 1re brigade..	»	43	»	43	480	»
Distance........	»	»	»	»	»	50
Train de la 2e brigade...	»	43	»	43	480	»
Distance.......	»	»	»	»	»	50
Train de l'artillerie divisionnaire	»	24	6	30	360	»
Distance.......	»	»	»	»	»	1
Train de la 2e division (même composition).................	1	121	6	128	1.570	250
Distance......	»	»	»	»	»	100
Train de la compagnie de réserve et du parc du génie..........	»	3	»	3	35	»
Train de l'artillerie de corps...	»	34	8	42	520	»
Train des sections de munitions.. d'infanterie (2)	»	6	2	8	100	»
Train des sections de munitions.. d'artillerie (6)	»	21	6	27	330	»
Train de l'équipage de pont....	»	7	1	8	100	»
TOTAUX.......	12	387 et 33 mulets	34	433 et 33 mulets	5.560	750
					6.310	

Lorsqu'une section télégraphique de première ligne est éventuellement attachée à un corps d'armée, elle marche dans le 2e groupe entre le train régimentaire du quartier général du corps d'armée et le train régimentaire de la cavalerie.

Elle occupe une longueur moyenne de 175 mètres et comprend :

12 voitures.	2 voitures dérouleuses à 1 cheval.	
	5 voitures à 2 chevaux.	2 voitures-postes mod. 1884. 1 voiture légère. 2 fourgons.
	5 voitures à 4 chevaux.	4 chariots télégraphiques. 1 chariot à perches.

4° Train régimentaire d'une division de cavalerie indépendante.

Ce train est placé sous le commandement du lieutenant ou sous-lieutenant de gendarmerie, chef de la force publique de la division.

Il marche après l'arrière-garde, à une distance variable qui dépend des conditions topographiques du pays et de l'éloignement plus ou moins grand de l'ennemi. Quand on est à 70 ou 80 kilomètres de ce dernier, une brigade est détachée en avant-garde ; elle n'emmène pas avec elle de voitures de subsistances. Tous les fourgons de vivres restent donc au train régimentaire.

L'ordre normal de marche de ce train est consigné dans le tableau ci-après :

	Nombre de voitures.				Longueur moyenne de chaque élément.	Distance de groupe à groupe.
	à 1 cheval.	à 2 chevaux.	à 6 chevaux.	Totaux.	mètres.	mètres.
Gendarmerie et prisonniers....	»	»	»	»	50	»
Train du quartier général de la division	1	5	»	6	70	»
Distance........	»	»	»	»	»	50
Train de la 1re brigade (1)......	»	27	»	27	310	»
Distance........	»	»	»	»	»	50
Train de l'artillerie............	»	9	3	12	150	»
Distance........	»	»	»	»	»	50
Train de la 2e brigade.........	»	27	»	27	310	»
Distance........	»	»	»	»	»	50
Train de la 3e brigade........	»	27	»	27	310	»
Totaux.........	1	95	3	99	1.200	200
					1.400	

(1) Les régiments de cavalerie indépendante n'emmènent que 6 fourgons à vivres au lieu de 12 comme les régiments de cavalerie du corps d'armée.

REVUES ET DÉFILÉS.

Dans les revues et les défilés qui ont lieu en campagne, la gendarmerie du corps d'armée est placée tout entière au train régimentaire.

L'ordre adopté, pour le placement des troupes, est le suivant :

1° Quartier général du corps d'armée ;
2° 1re division ;
3° Troupes non indivisionnées ;
4° 2e division ;
5° Brigade de cavalerie ;
6° Train de combat du corps d'armée ;
7° Trains régimentaires.

Les éléments de ce dernier groupe se succèdent ainsi qu'il suit :

Prévôt du corps d'armée, suivi du détachement de gendarmerie à cheval de la prévôté du quartier général ;
Ambulance du quartier général ;
Vaguemestre du quartier général;
Gendarmes à cheval du détachement de force publique ;
Train régimentaire du quartier général;

Section télégraphique (si elle est présente);

Force publique de la brigade de cavalerie;

Train de la brigade de cavalerie;

Train du bataillon de chasseurs;

Capitaine commandant la force publique de la 1re division et détachement de gendarmerie;

Train de la 1re division;

Capitaine commandant la force publique de la 2e division et détachement de gendarmerie;

Train de la 2e division;

Train de la compagnie de réserve et du parc du génie;

Train de l'artillerie de corps;

Train des sections de munitions;

Train de l'équipage de pont (s'il y en a un);

Gendarmes à pied des détachements de force publique du corps d'armée et des divisions.

Décision ministérielle du 17 janvier 1895, modifiée par la note ministérielle du 11 juillet 1895).

TENUE DE CAMPAGNE.

GENDARMERIE (ARMÉE ACTIVE ET ARMÉE TERRITORIALE.)

1° Officiers et Adjudants.

DÉSIGNATION DES EFFETS.			
Gendarmerie départementale, d'Afrique et de la Corse et garde républicaine.	Officiers et adjudants montés.		Képi (1).
			Tunique (2).
			Hongroise bleue (3).
			Grandes bottes.
			Gants de couleur (4).
			Capote avec collet à capuchon de drap ou de caoutchouc (5).
			Revolver et son étui (6).
			Sabre avec dragonne en cuir.
			Jumelle d'un modèle facultatif (7)
			Porte-cartes (7).
		Harnachement.	Selle et bride complètes.
			Tapis de petite tenue.
			Couverture placée sous le tapis.
			Bissac de campagne.
			Etui porte-avoine.
			Musette-mangeoire.
	Officiers et adjudants non montés de la garde républicaine.		Képi.
			Tunique (2).
			Pantalon de drap.
			Brodequins ou petites bottes.
			Gants de couleur (4).
			Capote avec collet à capuchon de drap ou de caoutchouc (8).
			Revolver et son étui (6).
			Epée avec dragonne.
			Jumelle d'un modèle facultatif (7)
			Porte-cartes (7).
			Sacoche (9).

OBSERVATIONS.

(1) Dans le cas où la cavalerie de la garde républicaine serait appelée à marcher comme troupe de combat, ses officiers porteraient le casque

(2) Les officiers emportent dans leur caisse à bagages une paire d'épaulettes et des aiguillettes qu'ils mettront dans les circonstances exceptionnelles de service indiquées par le commandement.

(3) L'usage du pantalon et celui des jambières de drap sont autorisés dans les mêmes circonstances qu'en temps de paix.

(4) En peau de chien de nuance rouge brun.

(5) La capote est roulée et placée en arrière du troussequin.

(6) Les officiers et les adjudants emportent 18 cartouches de revolver. Ils placent 12 cartouches dans l'étui du revolver et les 6 autres dans la charge du cheval ou dans la caisse à bagages. (Inst. minist. du 13 juillet 1894.)

(7) L'usage de la jumelle et du porte-cartes est facultatif

(8) La capote est portée en sautoir par les officiers et les adjudants non montés.

(9) Les officiers et les adjudants non montés sont autorisés à faire usage d'une sacoche pouvant se porter indifféremment en bandoulière ou sur le dos comme le havresac.

NOTA. Les officiers sont autorisés à porter un col blanc avec une cravate en soie noire au lieu du col blanc fixé à la doublure du collet de l'effet.

– Les officiers et les adjudants doivent toujours porter, en cas de guerre, un *paquet individuel de pansement.*

2° Troupe.

DÉSIGNATION des EFFETS OU OBJETS.	GENDARMERIE DÉPARTEMENTALE de l'intérieur et Garde républicaine. Arme à pied. H	P	Arme à cheval. H	P	GENDARMERIE d'Afrique et de la Corse. Arme à pied. H	P	Arme à cheval. H	P	OBSERVATIONS. — (H) Sur l'homme. (P) Dans le paquetage.
Plaque d'identité avec cordon	1	»	1	»	1	»	1	»	
Habillement. Bourgeron de toile	»	1	»	1	»	1	»	1	
Capote-manteau	»	1	»	»	»	1	»	»	
Ceinture de flanelle	1	»	1	»	1	»	1	»	
Hongroise bleue	»	»	1	1	»	»	»	»	
Manteau	»	»	»	1	»	»	»	1	
Pantalon de cheval	»	»	»	»	»	»	1	»	
Pantalon de drap	1	»	»	»	1	»	»	»	
Pantalon de treillis	»	1	»	1	»	1	»	1	
Trèfle et aiguillettes	1	»	1	»	1	»	1	»	
Tunique	1	»	1	»	1	»	1	»	
Coiffure. Calotte de drap	»	1	»	1	»	1	»	1	
Képi (1)	1	»	1	»	1	»	1	»	
Grand équipement. Bretelle de carabine ou de fusil	1	»	»	»	1	»	»	»	
Ceinturon	1	»	1	»	1	»	1	»	
Dragonne	»	»	1	»	»	»	1	»	
Etui et lanière de revolver (2)	1	»	1	»	1	»	1	»	
Giberne-cartouch. (3)	1	»	»	»	1	»	»	»	
Havresac	1	»	»	»	1	»	»	»	
Portefeuille de correspondance	1	»	1	»	1	»	1	»	
Petit équipement. Grandes bottes (paire)	»	»	1	»	»	»	»	»	
Petites bottes (paire) avec éperons pour l'arme à cheval	»	1	»	»	»	»	1	»	
Brodequins (paire)	1	»	»	1	1	1	»	1	
Bretelles (paire)	1	»	1	»	1	»	1	»	
Caleçon	1	1	1	1	1	1	1	1	
Chemise	1	1	1	1	1	1	1	1	
Courroie de capote ou de manteau	»	1	»	1	»	1	»	1	
Cravate	»	1	»	1	»	1	»	1	
Effets de pansage. Brosse en crin	»	»	»	1	»	»	»	1	
Ciseaux	»	»	»	1	»	»	»	1	
Corde à fourrage	»	»	»	1	»	»	»	1	
Eponge	»	»	»	1	»	»	»	1	
Etrille	»	»	»	1	»	»	»	1	
Musette de pansage	»	»	»	1	»	»	»	1	
Torchon-serviette	»	»	»	1	»	»	»	1	

(1) Dans le cas où la cavalerie de la garde républicaine serait appelée à marcher comme troupe de combat, elle porterait le casque.
(2) Avec courroie de ceinture.
(3) Placée à droite sur le devant et supportée par la courroie de ceinture du revolver.

DÉSIGNATION des EFFETS OU OBJETS.	GENDARMERIE DÉPARTEMENTALE de l'intérieur et Garde républicaine.				GENDARMERIE d'Afrique et de la Corse.				OBSERVATIONS. — (H) Sur l'homme. (P) Dans le paquetage.
	Arme à pied.		Arme à cheval.		Arme à pied.		Arme à cheval.		
	H	P	H	P	H	P	H	P	
Petit équipement (Suite). — Effets de petite monture. — Boîte à graisse	»	1	»	1	»	1	»	1	
Brosses d'armes	»	1	»	1	»	1	»	1	
Brosses à boutons	»	1	»	1	»	1	»	1	
Brosses à habits		1	»	1	»	1	»	1	
Brosses double à chaussures	»	1	»	1	»	1	»	1	
Cuiller	»	1	»	1	»	1	»	1	
Fiole à tripoli	»	1	»	1	»	1	»	1	
Trousse garnie		1	»	1	»	1	»	1	
Gamelle individuelle (4)	»	1	»	1	»	1	»	1	
Livret individuel	»	1	»	1	»	1	»	1	
Morceau de savon		1	»	1	»	1	»	1	
Mouchoir	1	1	1	1	1	1	1	1	
Objets de sûreté	1	»	»	1	1	»	»	1	
Patience	»	1	»	1	»	1	»	1	
Sac à avoine	»	»	»	1	»	»	»	1	
Sachet à cartouches	»	2	»	1	»	2	»	1	
Serviettes	»	2	»	2	»	2	»	2	
Sous-pieds pour pantalon de cheval	»	»	»	»	»	»	1	1	
Campement. — Etui de marmite (5)	»	»	»	»	»	»	»	»	
Hachette (6)	»	1	»	1	»	1	»	1	
Marmite de campement (7)	»	»	»	»	»	»	»	»	
Petit bidon individuel, avec quart adhérent, courroie et enveloppe	1	»	1	»	1	»	1	»	
Sac à distribution (8)	»	1	»	»	»	1	»	»	
Sachets à vivres	»	2	»	2	»	2	»	2	
Seau en toile (9)	»	1	»	1	»	1	»	1	
Armement (10). — Carabine avec épée-baïonnette ou fusil avec épée-baïonnette	1	»	»	»	1	»	»	»	
Nécessaire d'armes	1	»	»	1	1	»	»	1	
Revolver	1	»	1	»	1	»	1	»	
Sabre	»	»	»	1	»	»	»	1	

(4) Tous les gendarmes isolés reçoivent un *nécessaire individuel de campement*, en remplacement de la gamelle individuelle et des ustensiles collectifs.
(5) Par ustensile.
(6) Deux pour 15 hommes, portées par les brigadiers.
(7) Une pour 4 hommes, placée dans les voitures de la prévôté.
(8) Un pour 4 hommes à pied.
(9) Un pour 2 hommes montés et un pour 4 hommes à pied.
(10) Dans le cas où la cavalerie de la garde républicaine serait appelée à marcher comme troupe de combat, elle prendrait l'armement indiqué par le commandement.

DÉSIGNATION des EFFETS OU OBJETS.		GENDARMERIE DÉPARTEMENTALE de l'intérieur et Garde républicaine. Arme à pied. H	P	Arme à cheval. H	P	GENDARMERIE d'Afrique et de la Corse. Arme à pied. H	P	Arme à cheval. H	P	OBSERVATIONS. — (H) Sur l'homme. (P) Dans le paquetage.
Munitions.	Paquets de cartouches de carabine ou de fusil.	3	5	»	»	3	5	»	»	
	Paquets de cartouches de revolver..	2	3	2	3	2	3	2	3	
Vivres et fourrages (A).	2 jours de biscuit...	»	1	»	1	»	1	»	1	
	2 jours de petits vivres...............	»	1	»	1	»	1	»	1	
	2 jours de viande de conserve (11)......	»	1	»	1	»	1	»	1	
	2 portions de potage condensé.........	»	1	»	1	»	1	»	1	
	1 repas d'avoine (12).	»	»	»	1	»	»	»	1	
Harnachement.	Bissac de campagne.	»	»	»	1	»	»	»	1	
	Couverture.........	»	»	»	1	»	»	»	1	
	Ferrure : 2 fers, 20 clous et 16 crampons (13)..........	»	»	»	1	»	»	»	1	
	Musette-mangeoire..	»	»	»	1	»	»	»	1	
	Selle et bride complètes.............	»	»	»	1	»	»	»	1	
	Surfaix de couverture...............	»	»	»	1	»	»	»	1	
Paquet individuel de pansement (B)............		1	»	1	»	1	»	1	»	

(11) Une boîte pour 2 hommes.

(12) Par cheval. Chaque cavalier emporte seulement un repas d'avoine de 2 kilogs. Les 2 kilogs d'avoine (vivres du sac), habituellement ensachés dans la musette-mangeoire seront laissés en vrac dans le fond du sac à distribution de l'homme. (Note ministérielle du 15 octobre 1855.)

(13) Les deux autres fers avec leurs clous sont dans des caisses sur les voitures.

(A) Non compris 2 jours de pain, 2 jours de petits vivres et 1 jour d'avoine emportés au départ au titre des vivres de débarquement, et le foin et l'avoine également emportés au départ pour la nourriture des chevaux pendant leur transport en chemin de fer.

(B) Chaque homme doit toujours, en cas de guerre, être porteur d'un *paquet individuel de pansement* placé dans la poche intérieure de la tunique.

EXTRAIT

A L'USAGE DES PRÉVOTÉS

de l'Instruction spéciale du 25 avril 1890

POUR

LE TRANSPORT DES TROUPES

PAR

LES VOIES FERRÉES

I. — Dispositions préparatoires.

Aussitôt que le commandant du détachement a reçu l'ordre de mouvement accompagné de l'itinéraire, il envoie un officier ou un sous-officier à la gare de départ pour se mettre en rapport avec le commissaire militaire (1) ou, à son défaut, avec le chef de gare et prendre connaissance des dispositions de détail arrêtées pour l'embarquement (abords des gares et accès des quais ou trottoirs, mesures et dispositions de police, etc.).

Si l'ordre de mouvement n'est pas adressé directement au commandant de détachement, celui-ci reçoit, en temps utile, les indications précédentes, par les soins de l'autorité militaire chargée de la mise en route du détachement.

II. — Ordres a donner par le commandant de la troupe.

D'après ces indications, le commandant du détachement donne les ordres concernant :

(1) Le commissaire militaire remplit, dans la gare, les fonctions de commandant d'armes; il en exerce tous les droits. Quel que soit leur grade, les commandants des troupes de passage doivent se mettre en rapport avec lui dès leur arrivée. Ils sont tenus de faire observer rigoureusement par la troupe sous leurs ordres, toutes les consignes et instructions, même verbales, qui leur sont communiquées par le commissaire militaire (appendice VII, article XI).

1° La formation du détachement et son arrivée à la gare;

2° Les mesures à prendre pour assurer la subsistance de la troupe et la nourriture des chevaux le jour du départ et pendant la route, en tenant compte des haltes indiquées par l'itinéraire; (on doit faire remplir les petits bidons pendant la saison des chaleurs, avec un mélange d'eau et d'eau-de-vie);

3° La tenue pour la route, s'il n'y a pas lieu de prendre celle indiquée à l'article VI;

4° Le transport à la gare des bagages d'officiers, des accessoires d'embarquement (cordes de poitrail, bottillons, etc), de la paille de litière et du fourrage pour la route.

III. — Paille pour la litière.

La troupe doit se pourvoir à l'avance de la paille nécessaire pour garnir de litière chaque wagon à chevaux à raison de 2 kil. 500 par cheval.

IV. — Nourriture des chevaux.

Le dernier repas des chevaux doit avoir lieu deux heures au moins avant l'embarquement.

La nourriture des chevaux pendant la route se compose par vingt-quatre heures de 5 kilog. de foin et de 2 kilog. d'avoine.

Il est emporté du foin et de l'avoine en quantité proportionnée à la durée du trajet. Le foin est préalablement bottelé, s'il y a lieu, et l'avoine placée dans des sacs.

V. — Accessoires.

Le détachement doit être pourvu des accessoires suivants:

1° Cordes de poitrail (à raison d'une pour trois chevaux, corde de 16 mètres de long et de la grosseur d'une corde à fourrages);

2° Bottillons, à raison d'un pour trois selles (bottillons cylindriques en paille, de $1^{m},30$ de long, $1^{m},25$ de tour, reliés par trois liens).

Les ponts volants et rampes mobiles sont fournis et transportés à pied d'œuvre, par les chemins de fer.

VI. — Tenue.

En principe, les officiers sont en tenue de campagne.

Les cavaliers portent sur eux le surfaix et le seau en toile fixés au portefeuille de correspondance qui renferme la gamelle individuelle, la cuiller et les vivres.

VII. — Arrivée de la troupe a la gare.

La troupe arrive au point désigné pour l'embarquement, à l'heure fixée par l'ordre de route où, à défaut, une heure et demie avant le départ.

Les divers éléments sont conduits et placés devant les wagons qu'ils doivent occuper.

Les chevaux sont disposés sur un rang et fractionnés d'après la contenance des wagons, à raison de six chevaux par wagon, dont un gradé désigné dirigera l'embarquement.

Le commandant fait mettre pied à terre, former les sabres en faisceaux, assez loin en arrière des chevaux, puis desseller. Pour cette dernière opération, les cavaliers s'entr'aident deux à deux. La longe est fixée au licol. Le poitrail, les sangles et la couverture sont relevés sur le siège de la selle et maintenus par le surfaix de sangle auquel on fait faire un tour ou deux pour mieux serrer le tout. Les étriers sont relevés et attachés. Les selles sont déposées à terre en arrière du rang et ne sont chargées qu'après l'embarquement des chevaux. Une étiquette en toile portant le nom et le matricule de l'homme, est cousue autour de la courroie de paquetage de gauche de chaque selle. Les chevaux restent bridés. Quand les chevaux voyagent sellés, on remonte les étriers jusqu'à la mortaise sans rien déboucler; on les maintient dans cette position en passant l'étrivière doublée dans leur semelle.

Les chevaux sont toujours sanglés.

VIII. — Embarquement des chevaux.

Le commandant fait répandre dans les wagons à chevaux la paille de litière, ainsi qu'un peu de gravier qui doit s'étendre sur le pont réunissant le wagon au quai. Un homme se tient de chaque côté des ponts volants pour empêcher les chevaux de se traverser et de mettre les pieds entre le wagon et le quai; au signal donné par le chef de chaque fraction, le premier cavalier de droite se porte franchement en avant vers l'entrée du wagon. Deux autres le suivent successivement en gardant une distance de 3 mètres de tête à croupe.

Le premier cavalier marchant sans regarder son cheval et le tenant près du mors, lui fait baisser la tête pour franchir la porte, tourne à droite et range son cheval contre la paroi longitudinale du côté de l'entrée, la tête tournée vers le milieu du wagon; chacun des autres cavaliers fait appuyer son cheval contre celui qui vient d'être placé (1).

Dès que le rang des chevaux est complet, deux cavaliers tendent la corde-poitrail en la faisant passer plusieurs fois repliée, dans les anneaux qui sont fixés aux montants des portes du wa-

---

(1) On doit toujours embarquer les chevaux les plus dociles: quand un cheval résiste, on fait avancer le suivant, et le premier est entraîné vivement à la suite, ou bien on lui couvre la tête et on l'amène au wagon après lui avoir fait faire un tour sur lui-même. Un des moyens les plus sûrs de faire entrer un cheval récalcitrant, consiste à faire pousser par deux hommes qui le saisissent vivement sous la croupe, en se tenant par la main.

Pour les chevaux qui ruent, on fait usage d'une sangle ou de deux sangles réunies bord à bord.

gon, de manière à la faire passer devant les trois chevaux et à barrer en même temps la porte du côté opposée à l'entrée ; ils attachent leurs chevaux par la longe le plus court possible sans les débrider (1) aux anneaux du plafond, sortent l'avoine du wagon et vont chercher leurs selles.

On procède de la même façon pour le rang opposé, la corde passée devant les trois chevaux barre en même temps la porte d'entrée.

Les selles formant deux piles, chacune de trois, sont ensuite placées sur les bottillons disposés dans l'intervalle libre du milieu du wagon ainsi que le foin (4 bottes par wagon).

Les musettes mangeoires sont remises aux gardes d'écurie qui les placent dans les sacs à avoine.

Les deux gardes d'écurie remettent leurs armes à leurs camarades, ils ne débrident les chevaux que lorsqu'ils sont calmes et que le train est en marche.

Les brides, soigneusement attachées, sont placées sur les piles de selles. L'officier s'assure que les gardes d'écurie sont en mesure de manœuvrer de l'intérieur l'organe de fermeture et les portes du wagon.

IX. — Embarquement des hommes.

Lorsque l'embarquement des chevaux et le chargement des selles sont terminés, le commandant fait reprendre les armes et réunit sa troupe devant les voitures où elle doit prendre place.

Les hommes à pied et les cavaliers sont mélangés pour éviter l'encombrement des sacs. Les hommes équipés n'occupent dans chaque compartiment de 3e classe que 8 places sur 10. Les places restantes sont destinées au rangement des effets. Un gradé est désigné comme chef de compartiment de manière à assurer partout l'ordre et la discipline.

A la sonnerie ou à l'indication « En avant » les hommes montent dans les compartiments, les gendarmes à pied tenant leur carabine à la main. Une fois assis, ils tiennent entre les jambes le sabre ou la carabine. Les filets ou les crochets, quand les wagons en sont munis, sont utilisés pour le placement des armes. Les sacs sont placés partie sur les places libres, partie sous les banquettes.

Les hommes sont embarqués dans les wagons à marchandises aménagés, au nombre de 32-36-40 selon la longueur du wagon. Les sacs sont déposés en piles sur les places libres.

Tous les sacs sont couchés à plat de telle sorte que la gamelle individuelle soit tournée vers le petit côté du wagon. On place en dessus les sacs portant les marmites de campement.

Observations. — Pour les longs trajets, le commandant de la

(1) Les hommes doivent éviter d'engager la longe dans les rênes, afin que l'on puisse enlever la bride sans détacher la longe.

troupe peut autoriser les hommes à se débarrasser de leur équipement et à déboutonner la tunique d'un certain nombre de boutons. Les hommes s'équipent de nouveau et rétablissent leur tenue au plus tard à partir de la station qui précède l'arrivée.

X. — Embarquement des voitures.

L'embarquement de la voiture attribuée à une formation prévôtale est assurée par l'autorité chargée de la mise en route du quartier général, ou de l'état-major de l'unité à laquelle cette prévôté est affectée.

XI. — Mesures de police et de sécurité.

Il est interdit aux militaires lorsqu'ils sont montés en wagon, de fermer eux-mêmes les portes ou portières, ce soin incombant exclusivement au personnel des chemins de fer. Dans les wagons à marchandises couverts, munis de volets, les portes sont fermées et les volets ouverts, au moins partiellement, pendant la marche des trains. Chaque chef de wagon s'assure que les hommes sont en mesure d'ouvrir de l'intérieur l'organe de fermeture et la porte elle-même.

La troupe étant embarquée, il est rigoureusement interdit :

1° De passer la tête ou les bras hors des portières pendant la marche;

2° D'ouvrir les portières;

3° De passer d'une voiture dans une autre;

4° De pousser des cris et de chanter;

5° De descendre de voiture aux stations, avant les sonneries ou les indications qui doivent en donner le signal;

6° De fumer dans les wagons à chevaux;

7° De fumer dans les voitures des hommes au cas où, par les grands froids, il y aurait de la paille sur le plancher.

Les chefs de compartiments et wagons sont responsables de l'observation de ces prescriptions.

XII. — Haltes et stations.

Les hommes ne descendent de wagon pendant les arrêts qu'à la sonnerie ou à l'indication « halte ». Ils laissent leurs armes dans les wagons et doivent sortir exclusivement par les portières qui ouvrent sur le quai ou le trottoir. Ils s'assurent de l'inscription faite à la craie aux emplacements réservés sur le wagon, afin de pouvoir retrouver leurs places.

Trois minutes avant le départ, à la sonnerie ou à l'indication « en avant » les hommes remontent en wagon.

Ils sont libres de ne pas descendre et, s'ils sont descendus, de remonter avant le signal du rembarquement. Aux stations haltes-repas, les hommes descendent à la sonnerie ou à l'indication « la soupe ». Les cavaliers se portent aux wagons à chevaux. Ils distribuent aux chevaux l'eau et le fourrage. Les nouveaux gardes d'écurie, après avoir pris rapidement leur repas, relèvent le service. Les autres cavaliers qui ont soigné les chevaux, commencent aussitôt leur repas et sont ensuite laissés libres de remonter dans les wagons ou de rester sur les quais.

XIII. — Devoirs des gardes d'écurie.

Au départ, les gardes d'écurie (1) ne débrident les chevaux que lorsqu'ils sont calmés et que le train est en marche. Les brides soigneusement attachées sont attachées sur les piles de selles.

A tous les coups de sifflet de la locomotive, à chaque arrêt et à chaque départ, les gardes d'écurie parlent aux chevaux, les calment et les soutiennent.

En cas d'accident, ils se portent aux fenêtres et avertissent par leurs cris et en agitant leur mouchoir.

Les gardes d'écurie sont relevés toutes les trois heures environ.

On profite, pour cette opération, des haltes supérieures à dix minutes ou des haltes-repas.

Pendant la route, les gardes d'écurie font manger les chevaux en leur donnant le foin à la main.

Les bottes de foin sont remplacées pendant les haltes, au fur et à mesure de la consommation par les soins de l'officier commandant.

Dans les gares désignées pour les repas des chevaux, ils distribuent l'avoine dans les musettes. Pour abreuver les chevaux, des cavaliers remplissent les seaux et les passent aux gardes d'écurie.

Les gardes d'écurie les reçoivent et font boire.

Les chevaux ne sont abreuvés que lorsque la durée du trajet est de plus de douze heures.

Dans ce cas même, ils ont besoin de peu d'eau, un seau suffit pour deux chevaux.

XIV. — Arrivée a destination et débarquement des hommes.

A la station qui précède l'arrivée, les hommes sont avertis par les agents du chemin de fer; ils doivent s'occuper de mettre leur tenue en ordre et se tenir prêts à descendre. Les gardes d'écurie brident les chevaux.

A l'arrivée et à la sonnerie de « la marche », les hommes sortent sans précipitation des voitures avec leurs armes. Les cavaliers sont immédiatement conduits en face des wagons où sont les chevaux.

(1) Deux gardes d'écurie pour wagons à chevaux.

Observations. — On doit recommander aux hommes de tenir à la main leur fourreau de sabre, lorsqu'ils descendent de wagon, et quand ils sont descendus, de ne pas appuyer leurs armes contre les voitures du train, qui peuvent à tout instant être ébranlées par un mouvement de la locomotive. Les cavaliers mettent leurs sabres en faisceaux avec les mêmes précautions que pour l'embarquement, de telle sorte que les faisceaux ne courent pas risque d'être renversés par les chevaux, et ils se forment en bataille, en laissant un large espace entre le front de la troupe et les wagons.

Les employés de chemins de fer placent les ponts volants devant les portes des wagons à chevaux, qui restent néanmoins fermées.

Deux hommes sont placés de chaque côté des ponts volants, comme pour l'embarquement.

XV. — Débarquement des chevaux.

Au signal du débarquement, les cavaliers se portent aux wagons à chevaux.

Ils enlèvent leurs selles et vont les poser à terre sur un rang, en avant de l'emplacement où la troupe doit venir se former.

Trois cavaliers montent dans chaque wagon, défont la corde poitrail du rang de leurs chevaux qu'ils sortent et sellent aussitôt.

Les cavaliers de l'autre rang de trois, procèdent ensuite de la même manière.

Les hommes sellent leurs chevaux sans se presser et avec le plus grand soin Ils reprennent ensuite leurs armes, montent à cheval et vont se former sur la place désignée où ils mettent pied à terre, s'il y a lieu.

XVI. — Transport des chevaux dans le sens perpendiculaire à la voie.

Exceptionnellement, l'embarquement des chevaux pourra se faire dans le sens perpendiculaire à la voie.

Dans ce cas, les selles sont placées dans des wagons spéciaux. Les brides sont emportées par les hommes dans les wagons et placées sous les banquettes.

L'avoine et le fourrage sont chargés dans les wagons à selles. Les gardes d'écurie ont pour s'asseoir des strapontins fournis par les Compagnies de chemins de fer.

Paris et Limoges. — Imprimerie militaire Henri Charles-Lavauzelle.

www.ingramcontent.com/pod-product-compliance
Ingram Content Group UK Ltd.
Pitfield, Milton Keynes, MK11 3LW, UK
UKHW012217240726
13966UKWH00003B/808